Clara Etzel und Johanna Kleinke
Winter- und Weihnachtsgeschichten

Bibliografische Information der Deutschen Nationalbibliothek:
Die Deutsche Nationalbibliothek verzeichnet diese Publikation in der Deutschen Nationalbibliografie; detaillierte bibliografische Daten sind im Internet über http://dnb.ddb.de abrufbar.

ISBN 978-3-96103-291-4

www.rediroma-verlag.de
8,95 Euro (D)

Winter- und Weihnachtsgeschichten

Von Clara Etzel und Johanna Kleinke

Rediroma-Verlag

Clara Etzel und *Johanna Kleinke*, beide in 2003 geboren, leben in Leichlingen, wo sie gemeinsam zur Schule gehen. Die beiden Vierzehnjährigen haben seit der Grundschulzeit Spaß am Schreiben und veröffentlichen mit diesen Kurzgeschichten ihr erstes Werk.

Inhalt

Die Weihnachtswichtel – Wenn der Weihnachtsmann zu erfinden beginnt

Von Clara Etzel

Vor langer, langer Zeit lebten im Tannental drei Wichtel. Ihre Namen waren Bert, Kurt und Albert. Sie waren Wichtel von der Gattung der Weihnachtswichtel, das sind diese kleinen Kerlchen mit roten Mänteln und Mützen, die dem Weihnachtsmann helfen. Auf einem Berg neben dem Tannental, dem Schneeberg, wohnte der Weihnachtsmann. Bert, Kurt und Albert stiegen im Winter morgens auf den Berg, halfen dem Weihnachtsmann und abends kletterten sie wieder hinunter. Im Sommer spielten sie den ganzen Tag im Tannental. Und der Weihnachtsmann schaute vom Schneeberg auf sie hinab und lächelte.

~ ~ ~

Nun war es wieder Winter geworden. Bert, Kurt und Albert kamen aus ihrer Höhle. In der Nacht war es sehr kalt gewesen. Der Atem der drei Weihnachtswichtel bildete Wölkchen. „Heute müssen wir wieder hinauf zum Weihnachtsmann“, stellte Albert fest, der den Kalender aus dem Kopf wusste.

„Oh nee“, seufzte der arbeitsunwillige Bert und strich über seinen dicken Bauch.

„Bist du sicher, Al?“, fragte Kurt und zog sich seine Mütze fester über die Ohren. Kurt liebte seine Wichtelmütze über alles.

„So sicher, wie ein Albert nur sein kann“, knurrte Albert. „Ich hab ja auch keinen Bock auf arbeiten, aber was soll‘s? Der Weihnachtsmann braucht uns.“

„Du hast ja recht“, meinte Kurt. „Lasst uns losgehen.“

Die drei Weihnachtswichtel stiefelten los. Es dauerte nicht lange, da waren sie schon beim Weihnachtsmann angekommen. Albert klopfte an die Tür. Nach kurzer Zeit hörten sie Schritte. Der Weihnachtsmann öffnete die Tür. „Ihr seid ja schon da!“, begrüßte er sie. „Kommt rein, es gibt eine Menge zu tun.“

Die Wichtel traten missmutig ein. Eine Menge zu tun, na das fing ja schon mal gut an! Der Weihnachtsmann führte sie zu einem Tisch. „Setzt euch!“, sagte er und deutete auf drei Stühle. Er selber nahm auf einem großen Sessel Platz. „Ich muss euch was erzählen“, fing er an. „Ich habe im Sommer einige Erfindungen getätigt. Einen elektrischen Schlitten, der alleine fährt, dadurch brauchen wir die Rentiere nicht mehr, und eine Geschenkeeinpackmaschine. So müsst ihr nicht mehr so viel arbeiten. Es wird alles viel einfacher."

Ein Strahlen entstand auf Berts Gesicht, Alberts Mimik war ausdruckslos und Kurt schien misstrauisch zu sein. „Moment mal", meinte Kurt, „du meintest doch, es warte eine Menge Arbeit auf uns!"

Das Strahlen wich von Berts Gesicht, er sah unglücklich drein.

„Natürlich gibt es noch Arbeit für euch!", sagte der Weihnachtsmann. „Der Rentierstall muss ausgemistet werden, die Maschinen müssen in Gang gebracht werden, der Schlitten muss testgeflogen werden und noch mehr. Ihr werdet euch nicht langweilen müssen."

Die drei Weihnachtswichtel sahen ihn stumm an.

„Worauf wartet ihr noch?", fragte der Weihnachtsmann. „Ach ja, hier ist die Liste mit euren Aufgaben." Er überreichte Albert eine lange Liste, dann stand er auf und verließ das Zimmer.

Bert, Kurt und Albert sahen sich die Liste an. „Und das sollen wir jetzt alles machen?", fragte Bert verzweifelt.

„Scheinbar schon", meinte Albert. „Auf geht's, Wichtel."

Murrend standen Bert und Kurt auf. Albert teilte schon die Aufgaben ein: „Bert, du kümmerst dich um den Rentierstall. Kurt, du testest den elektrischen Schlitten aus und ich, ich setze mich mit der Geschenkeeinpackmaschine auseinander. Alles verstanden?“

Bert und Kurt nickten und gingen aus dem Zimmer.

~ ~ ~

Albert schaute unglücklich drein. Wo sollte diese Maschine bloß sein? Er überlegte kurz, dann beschloss er, als erstes im Haus zu suchen. Er öffnete eine Tür und ging zögernd in den Raum. Durfte er das? Durfte er einfach im Haus des Weihnachtsmanns herumschnüffeln? Er ging trotzdem weiter. Der Raum war schmal, wie ein Korridor. Wo führte er bloß hin? Albert tappte weiter. Erschrocken fuhr er zusammen, als ihn auf einmal jemand ansprach. „Wo willst du hin?“

Albert drehte sich um und erblickte den Weihnachtsmann, der ihn fragend ansah. „Ich suche die Geschenkeeinpackmaschine“, antwortete Albert schnell. „Ach so“, meinte der Weihnachtsmann. „Dann komm mit mir.“ Er führte Albert aus dem Raum und in einen Schuppen neben dem Haus. Auf dem Weg erzählte er Albert, dass er auch Kurt den Weg zum elektrischen Schlitten hatte zeigen müssen. Dann schob der Weihnachtsmann

Albert in den Schuppen und schloss die Tür hinter ihm.

Neugierig sah Albert sich im Schuppen um. Sofort fiel ihm der große Kasten auf, der in einer Ecke des Schuppens stand. Ob das die Geschenkeeinpackmaschine war? Albert ging darauf zu und stolperte prompt über einen großen Sack mit nicht eingepackten Geschenken, der auf dem Boden lag. Schimpfend rappelte Albert sich auf und setzte seinen Weg fort. Vor der Maschine angekommen, sah er sich diese erst einmal an.

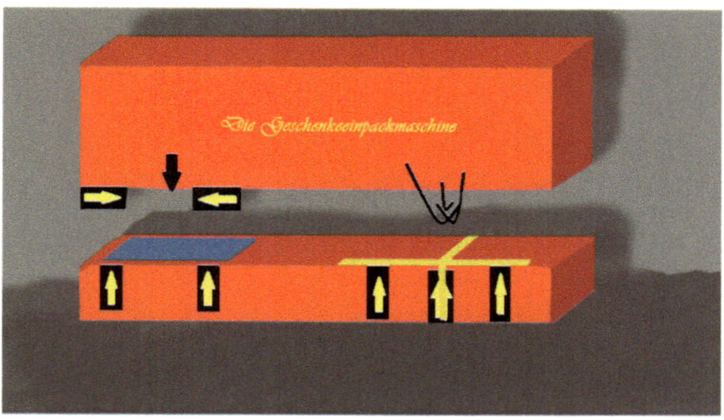

Albert staunte. Das sah wirklich seltsam aus! Die Maschine war rot und mit „Die Geschenkeein-packmaschine“ beschriftet. Mittendurch lief ein Fließband. Da waren mehrere Vorrichtungen mit Pfeilen. Was die wohl für eine Funktion hatten? Albert ließ seinen Blick zum Ende der Maschine wandern. Da war noch ein Stück Fließband, dann ging es hinunter in einen Korb. Da sollte das Geschenk wahrscheinlich hineinfallen. Er beschloss, es einfach auszuprobieren. Er ging zu dem Sack mit den nicht eingepackten Geschenken hinüber und nahm eine Puppe heraus. Dann ging er zurück zur Maschine. An der Seite entdeckte er einen Knopf, der mit An/Aus beschriftet war. Albert legte die Puppe auf den Anfang des Fließbands. Sollte er es wirklich ausprobieren? Dann holte er tief Luft und drückte entschlossen den Knopf.

~ ~ ~

Während Albert die Geschenkeeinpackmaschine suchte und fand, war Bert schon bei den Rentieren. Ihr Stall lag nicht weit vom Haus entfernt. Bert öffnete die Stalltür und wäre am liebsten wieder umgekehrt. Himmel, stank das! Hier musste mehrere Monate nicht mehr ausgemistet worden sein! Bert atmete nochmal tief ein, dann betrat er den Rentierstall und warf die Tür hinter sich zu. Es war düster, denn die Fenster waren voller Spinnweben. Eine gruselige Stille herrschte. Nur ab und zu hörte man ein Scharren. Da entdeckte Bert die Rentiere, die im Stall standen. Sie waren dünn. Viel zu dünn. Ihr Fell war struppig und glänzte nicht. Sie ließen alle die Köpfe hängen. Bert war geschockt. Was war hier los? Er räusperte sich. „Meine Herrschaften“, sagte er, „ich muss mir gestatten zu fragen: Was ist hier los?“

Die Rentiere hoben erschrocken ihre Köpfe. Ihre Augen waren stumpf. Lange sahen sie Bert an. Dann flüsterte ein Rentier mit kratziger Stimme: „Wir verwahrlosen. Wir …“ Dann konnte es nicht mehr weitersprechen, denn seine Stimme versagte.

Bert überlegte kurz, dann öffnete er schwungvoll die Tür. „Wir sollten erst mal ein bisschen frische Luft reinlassen“, sagte er. Dann fiel sein Blick auf die leeren Futter- und Wassertröge und er rief: „Ja, klar, Futter und Wasser bekommt ihr auch noch.“

Er lief los. Als erstes holte er einen Eimer Wasser vom Brunnen. Er goss es in den Wassertrog und die Rentiere stürzten sich wie Verrückte darauf. Bert rannte wieder los, diesmal zum Rentierfutterlager. Als er dort ankam, stöhnte er. Es gab kein Futter mehr! Er dachte kurz nach, dann rannte er wieder los. Diesmal suchte er den Weihnachtsmann. Schließlich sah er durchs Fenster, wie er im Haus in seinem großen Sessel saß. Bert riss die Tür auf und stürmte hinein. „Weihnachtsmann!“, schrie er außer Atem. „Das Rentierfutter ist alle!“

Der Weihnachtsmann sah ihn streng an: „Nicht so stürmisch, junger Wichtel. Du kannst in die Küche gehen und Salat holen.“

Bert rannte in die Küche, schnappte sich alle zehn Salatköpfe und rannte zurück zu den Rentieren. Der Weihnachtswichtel keuchte unter der Last der Salatköpfe, aber schließlich erreichte er doch den Rentierstall und ließ die Salatköpfe in den Futtertrog fallen. Die Rentiere rasten darauf zu und stießen den Wichtel beiseite. Bert sah ernst zu. Wie lange hatten die Rentiere nichts mehr gefressen? Bert überlegte. Was konnte er noch tun? Er sah, dass die Rentiere das Wasser schon ausgetrunken hatten, und lief wieder los zum Brunnen. Er holte noch einen Eimer Wasser und schüttete ihn in den Wassertrog. Dann entdeckte er, dass die Rentiere schon fast alle Salatköpfe aufgefressen hatten, und erinnerte sich daran, dass Rentiere auch Heu fraßen. Er kletterte auf den Heuboden des Rentierstalls und nahm einen ganzen Armvoll Heu und warf ihn die Leiter hinunter. Dann kletterte er hinterher. Er warf das Heu neben den Futtertrog und lehnte sich dann erschöpft an die Wand.

Die Rentiere fraßen auch das Heu auf und tranken das Wasser aus. Dann legten sie sich müde auf den dreckigen Boden. Ihre Augen hatten wieder ein wenig Glanz zurückgewonnen, aber ihr Fell waren immer noch dreckig. Bert ging aus dem Stall und kam mit einer Bürste wieder. Er wollte sich gerade daranmachen, ein Rentier zu bürsten, als dieses sagte: „Lass das, das bringt eh nichts. Unsere Felle sind zu dreckig. Und den Schlitten werden wir sowieso nicht mehr ziehen. Der Weihnachtsmann hat ja jetzt seinen elektrischen Schlitten." Ganz abfällig sagte es den letzten Satz.

Hilflos stand Bert da. Dann fragte er: „Könnt ihr mir vielleicht sagen, was hier los ist? Warum wurdet ihr so vernachlässigt? Wie lange geht das schon so?"

Erst blieb es lange still, doch dann begann ein Rentier zu erzählen.

~ ~ ~

Während Albert die Geschenkeeinpackmaschine suchte und fand und Bert bei den Rentieren war, schimpfte Kurt mit dem elektrischen Schlitten. Warum hatte ausgerechnet er diese blöde Aufgabe bekommen? Er hatte wirklich keine Ahnung, wie man das Ding einschaltete. Der elektrische Schlitten war rot und hatte glänzende, silberne Kufen. Er sah aus wie ein normaler Weihnachtsmannschlitten, außer dass das Rentiergeschirr fehlte. Kurt kletterte auf den Schlitten. Da waren eine Bank und eine Ladefläche für den großen Weihnachtsmannsack. Und wo ging dieses Ding an? Alles, was Kurt über elektrische Dinge wusste, war, dass sie irgendwo einen Knopf hatten, mit dem man sie anschalten konnte. So einen besaß dieser Schlitten aber nicht. Oder zumindest fand Kurt keinen. Kurt dachte nach. Gab es noch etwas anderes, das einen elektrischen Schlitten zum Fliegen bringen konnte? Vielleicht … Flügel? Ein Hebel? Ein Schalter? Vielleicht musste man ihn antreiben, wie die Rentiere. Die tippte der Weihnachtsmann immer mit einem langen Stab an, erinnerte Kurt sich, und dann liefen und flogen die Rentiere los. Ging das bei einem Schlitten auch?

Kurt sprang vom Schlitten hinunter und tappte hinter ihn. Dann tippte er ihn vorsichtig mit seinem Finger an. Nichts passierte. War er kaputt? Kurt tippte ein bisschen fester. Nee, er flog nicht los. Kurt ließ sich auf den Boden plumpsen und dachte ein bisschen nach. Dann dachte er ein bisschen mehr nach. War sein Kopf kaputt? Normalerweise fiel ihm immer sofort was ein. Oder zumindest nach einer Weile. Bestimmt war so viel nachdenken gar nicht gut. Das machte bestimmt irgendwann den Kopf kaputt. Aber was blieb ihm sonst übrig? Nichts als nachdenken. Nur war das nicht so Kurts Stärke. Albert war gut im Nachdenken. Aber der war jetzt nicht hier. Was würden die anderen Wichtel an Kurts Stelle machen? Sicher, Bert würde erst mal etwas essen. Albert? Dem würde schon was einfallen. Aber Albert war jetzt ja nicht hier.

Kurt rappelte sich auf und kletterte wieder auf den Schlitten. Er ließ sich auf die Bank fallen. Bestimmt ging hier irgendwo der Schlitten an. Vielleicht musste er ja ein Zauberwort sprechen. Nur was für eins? „Wichtel, Mütze, Weihnachtsmann, Schlitten, Fliege los, Flug, Rentier, …“, ratterte Kurt herunter. Er stoppte, als er ein Quieken hörte. „Was machst du da?“

Kurt drehte sich um. Dann entdeckte er auf dem Boden neben dem Schlitten eine kleine, braune Maus.

„Ich weiß nicht, wie dieser Schlitten an geht. Ich überlege, ob man dafür ein Zauberwort braucht.“

Die kleine Maus kicherte: „Nee, kein Zauberwort.“

„Du weißt, wie man ihn zum Fliegen bekommt?“, fragte Kurt erstaunt, aber hoffnungsvoll.

„Ja, klar“, piepste die Maus. „Ich lebe in dieser Scheune, ich habe zugesehen, wie der Weihnachtsmann den Schlitten gebaut hat.“

„Dann, dann kannst du mir sagen, wie ich ihn zum Fliegen bringen kann?“, fragte Kurt aufgeregt.

„Ja“, antwortete die Maus, „Heb mich hoch, ich zeig‘s dir!“

Kurt hob die Maus auf den Schlitten und sie trippelte los. Sie kletterte unter die Bank und piepste: „Hier! Diesen Hebel musst du hochziehen und der Schlitten fliegt los. Mit ihm kannst du, glaub ich, auch steuern."

Kurt fasste unter die Bank und ertastete den Hebel. „Danke, Maus!", rief er.

„Kann ich vielleicht wieder runter?", fragte die Maus.

„Klar", antwortete Kurt und setzte die Maus wieder neben dem Schlitten auf den Boden. Dann nahm er den Hebel und zog ihn nach oben. Der Schlitten hob ab. Er stieg immer höher. Und dann gab es ein lautes Krachen, als der Schlitten ins Scheunendach flog.

~ ~ ~

Die Geschenkeeinpackmaschine ratterte los. Das Fließband lief los und trug die Puppe zu der ersten Pfeilvorrichtung. Ein blaues Geschenkpapier schob sich von unten darunter, zwei Bolzen mit Pfeilen drückten es an den Seiten der Puppe hoch. Ein weiterer Bolzen, der quer oben befestigt war, schob das Geschenkpapier über die Puppe, ein weiterer Bolzen schob die andere Seite des Geschenkpapiers darauf. Dann wurde das Geschenk um 90 Grad gedreht und die beiden offenen Seiten wurden geschlossen. Daraufhin fuhr das Geschenk auf dem Fließband weiter. Bei der nächsten Station wurden zwei Bänder unter das Geschenk gelegt, eins waagerecht und eins senkrecht. Dann wurden die Enden hochgedrückt und oben von einem Hakensystem zur Schleife gebunden. Daraufhin fuhr das Geschenk weiter und landete in dem Korb. Albert war begeistert. „Sie funktioniert!“, rief er. Dann rannte er zu dem Sack mit den nicht eingepackten Geschenken und schleppte ihn zur Geschenkeeinpackmaschine. Er legte die Geschenke uneingepackt auf das Fließband und sie kamen eingepackt auf der anderen Seite wieder heraus. Albert freute sich. Nie mehr Geschenke einpacken! Nie mehr Schleifen binden, bis die Finger wehtun! Eifrig legte er ein Geschenk nach dem anderen auf das Fließband. Dann war der Sack leer und der Korb voll mit eingepackten Geschenken. Albert grinste. Das war eine Erfindung, die das Wichtelleben vereinfachte. Er drückte noch einmal auf den An/Aus-Knopf und die Maschine hörte auf zu rattern.

Albert rannte los, um den Weihnachtsmann zu suchen. Er fand ihn im Haus auf seinem großen Sessel sitzend. „Was willst du?“, fragte der Weihnachtsmann, als Albert hereinkam.

„Ich habe alle Geschenke verpackt“, antwortete Albert. „Die Geschenkeeinpackmaschine funktioniert gut, es ist wirklich eine hervorragende Erfindung.“

Der Weihnachtsmann lächelte glücklich. „Ich wusste, dass ich es kann, nun ich bin wirklich ein genialer Erfinder“, sagte er.

Albert verdrehte die Augen. Dass der Weihnachtsmann auch direkt ein Loblied auf sich selbst anstimmen musste! „Was soll ich nun tun?“, fragte Albert knapp. Der Weihnachtsmann überlegte kurz, dann antwortete er: „Im Zimmer dort drüben liegen größere Geschenke. Verpacke auch diese mit der Maschine. Danach kannst du Plätzchen backen.“ Der Weihnachtsmann deutete auf eine Tür.

Albert nickte, dann öffnete er die Tür und ging in den Raum. In einer Ecke lagen hunderte Geschenke. Einige davon waren so groß wie die von vorhin, andere größer. Albert nahm einen Armvoll Geschenke und schleppte sie in den Schuppen. So holte er sie alle, nach und nach. Früher hätte Albert über die Menge von Geschenken gestöhnt, aber jetzt freute er sich. Es machte ihm Spaß, mit der Geschenkeeinpackmaschine zu arbeiten.

Als alle Geschenke im Schuppen waren, schaltete er die Maschine wieder ein. Er nahm als erstes die Geschenke, die etwa so groß waren wie die von vorher, erst dann nahm er größere. Albert schnappte sich einen Hocker und stellte ihn auf das Fließband. Der Hocker war das Größte der Geschenke, die er verpacken sollte. Der Hocker fuhr auf dem Fließband los. Doch bei der ersten Pfeilvorrichtung blieb er hängen. Albert versuchte ihn herauszuziehen, aber er hing fest. Das Fließband schob ihn immer weiter. Doch dann war der Druck zu groß, und der Hocker drückte zu fest gegen die Maschine. Die erste Pfeilvorrichtung sprang ab und krachte zu Boden. Dies war wie ein kleiner Stein, der eine ganze Lawine auslöste. Die Maschine zersprang in tausend kleine Teile.

~ ~ ~

„Es begann alles, als der Weihnachtsmann anfing, Erfindungen zu tätigen", erzählte das Rentier. „Er dachte an nichts anderes mehr, als neue Dinge zu erfinden. Er vergaß alles andere. Er dachte gar nicht mehr daran, uns zu füttern und zu pflegen."

Ein anderes Rentier erzählte weiter: „Einmal sind wir auch zu ihm gegangen. Wir haben an die Tür geklopft und ihn gebeten, dass er uns den Stall misten und uns etwas zu essen gebe solle. Da sagte er: Nein, ich habe einen Schlitten erfunden. Der fährt, ohne dass ich euch brauche. Bald kommt die erste Testfahrt und wenn der Schlitten fährt, dann verkaufe ich euch."

Bert schrie erschrocken auf: „Er will euch verkaufen?"

„Ja, wenn der Schlitten funktioniert, dann schon“, antwortete das Rentier und ließ traurig den Kopf hängen.

„Da müssen wir etwas gegen unternehmen!“, schrie Bert zornig. „Ich werde nicht zulassen, dass er euch verkauft.“

Das zweite Rentier hob den Kopf und fragte ihn traurig: „Was willst du dagegen tun?“

„Ich … Keine Ahnung“, antwortete Bert. „Ich miste jetzt erst mal euren Stall aus, vielleicht fällt uns ja noch was ein.“

Er ging in einen Nebenraum des Rentierstalls und holte Mistgabel und Schubkarre. Schweigend mistete Bert den Rentierstall aus. Die Rentiere schauten ihm still zu. Als Bert fertig war, schob er den Mist aus dem Stall und brachte ihn auf den Misthaufen. Er ärgerte sich über den Weihnachtsmann und dessen Erfindungen. Warum konnte er nicht einfach die Rentiere den Schlitten ziehen lassen, wie jedes Jahr? Dann überlegte er weiter. Der Weihnachtsmann hatte den ganzen Sommer lang nichts zu tun, als die Rentiere und sich selber zu versorgen, klar, da probierte er sich halt mal daran, Dinge zu erfinden. Aber deswegen musste er ja nicht gleich die Rentiere leiden lassen! Aber er, Bert, ein kleiner Wichtel, konnte bestimmt sowieso nichts dagegen tun. Bert brachte neues Stroh in den Stall und legte diesen damit aus.

Danach ließ er sich ins Stroh fallen. Er dachte scharf nach. Und dann breitete sich ein Lächeln auf seinem Gesicht aus. Er hatte eine Idee …

~ ~ ~

Kurt schrie auf, als das Scheunendach zersplitterte. Holzstücke flogen ihm ins Gesicht. Doch der Schlitten flog höher und höher. Ängstlich kauerte Kurt sich auf der Bank zusammen. Der Schlitten raste los und flog vollkommen ohne Kontrolle herum. Wie ließ er sich nochmal lenken? Kurt erinnerte sich. Der Hebel! Doch bevor er nach dem Hebel fassen konnte, wurde er auf der Bank herumgeschleudert. Er schrie laut. Verzweifelt versuchte er, den Hebel zu bedienen, aber kaum hatte er ihn gefasst, ruckelte der Schlitten schon wieder, sodass Kurt ihn erneut aus der Hand verlor. Kurt sah immer abwechselnd Himmel und Erde. Ihm wurde schlecht. Dann flog der Schlitten eine scharfe Kurve und Kurt wurde herausgeschleudert. Während er fiel, schrie er hemmungslos. Kurt landete in einer hohen Schneewelle, mit dem Gesicht nach oben. Der Schnee war eiskalt, aber er dämpfte Kurts Fall. Er öffnete vorsichtig die Augen. Er sah gerade noch, wie der Schlitten davonflog, dann wurde ihm schwarz vor Augen.

~ ~ ~

Albert war entsetzt. Was würde der Weihnachtsmann sagen, wenn er seine Maschine hier kaputt liegen sah? Konnte er die Maschine wieder zusammenkleben? Hektisch versuchte er, alle Teile wieder einzusammeln, aber bald gab er es auf. Es waren viel zu viele, viel zu kleine Teile. Albert beschloss, alles dem Weihnachtsmann zu beichten. Seufzend stand er auf und ging zum Haus des Weihnachtsmanns. Er fand den Weihnachtsmann dort in seinem Sessel sitzend. Kleinlaut trat er vor ihn. Der Weihnachtsmann hob erstaunt den Kopf. „Bist du schon fertig?“, fragte er.

„Nee“, sagte Albert. „Die Geschenkeeinpackmaschine ist kaputt.“

Der Weihnachtsmann sprang erschrocken auf. „Was?“, brüllte er. „Was hast du getan?“

Albert erzählte, wie es passiert war. Langsam ließ sich der Weihnachtsmann auf seinen Sessel niedersinken. „Die ganze Arbeit. Alles umsonst“, stöhnte er. Dann hob er den Kopf und fragte Albert: „Hast du wenigstens alle Geschenke eingepackt?“

„Außer dem Hocker, ja“, antwortete Albert.

„Dann geh mit den anderen Wichteln nach Hause“, sagte der Weihnachtsmann.

Schnell verließ Albert das Haus und ging, um die anderen Wichtel zu suchen.

~ ~ ~

Bert sprang auf. „Schnell, wir dürfen keine Zeit verlieren!“, rief er den Rentieren zu. Verwundert sahen diese ihn an. „Was ist los?“, fragten sie. „Hast du eine Idee?“

„Ja!“, antwortete Bert. „Wir müssen den Schlitten so kaputt machen, dass er nicht mehr ohne euch fliegen kann! Dann braucht der Weihnachtsmann euch und wird euch nicht verkaufen!“

Die Rentiere sahen ihn mit leuchtenden Augen an. „Prima Idee!“, riefen sie.

Dann liefen alle los. Bert und die Rentiere rannten aus dem Stall. „Wisst ihr, wo der Schlitten steht?“, fragte Bert.

Die Rentiere nickten. „Folge uns!“

Sie liefen weiter und führten Bert zu einer Scheune. Das Bild, das sich dort bot, war entsetzlich. Überall lagen Holzsplitter verstreut und ein großes Loch klaffte im Scheunendach.

„Mist!“, fluchte Bert. „Kurt ist schon losgeflogen. Und er ist durch das Dach geflogen. Wo ist er bloß?“

Die Rentiere und Bert suchten den Himmel nach einem Schlitten ab, aber da war keiner. Dann stürmten sie los. Jeder suchte irgendwo anders. Bert war sich sicher: Kurt war vom Schlitten gestürzt. Er rannte herum und suchte den Boden nach Kurt ab, aber da war niemand. Auf einmal vernahm er ein Wimmern. Wichtelohren konnten, ähnlich wie Eulenohren, von Geräuschen die Richtung orten. Bert wusste also sofort, wo Kurt war. Und er ging dem Geräusch nach. Schließlich fand er Kurt. Der Wichtel lag in einer hohen Schneewehe. Bert kniete sich neben ihn. „Kurt!“, schrie er. Kurt zuckte zusammen. Bert nahm ihn an den Händen und zog ihn auf die Füße. Benommen tappte Kurt einige Schritte umher. „Was ist passiert?“, fragte ihn Bert besorgt.

Kurt antwortete: „Der Schlitten ist durch das Scheunendach geflogen. Er war nicht zu bändigen. Er hat mich abgeworfen und jetzt … jetzt ist er weggeflogen.“

Bert begann zu strahlen. „Jetzt müssen wir ihn gar nicht mehr kaputtmachen! Jetzt ist der Weihnachtsmann auf die Rentiere angewiesen!“

Kurt schaute verwirrt drein und Bert erklärte ihm die ganze Sache. Dann hörten sie jemanden ihre Namen rufen: „Bert! Kurt!“ Albert kam auf sie zu. „Wir dürfen für heute Schluss machen“, erklärte er.

Bert und Kurt erzählten ihm abwechselnd die ganze Geschichte.

„Oh je“, sagte Albert. „Aber lasst uns ihm das morgen erzählen. Er hatte heute schon den Verlust der Geschenkeeinpackmaschine zu ertragen.“

Albert erzählte Kurt und Bert, wie es ihm mit der Maschine ergangen war. Kurt und Bert nickten. Dann wandte sich Bert den Rentieren zu. „Findet ihr den Weg in euren Stall alleine?“, fragte er. Die Rentiere nickten, verabschiedeten sich von den Wichteln und liefen davon. Die drei Wichtel gingen hinunter ins Tannental, wo sie sich müde schlafen legten.

~ ~ ~

Am nächsten Morgen standen sie schon früh auf dem Schneeberg. Zögernd gingen sie auf das Weihnachtsmannhaus zu. Dann traten sie ein. Der Weihnachtsmann empfing sie mit einem Kopfnicken. „Guten Morgen“, grüßten auch die Wichtel. Dann sprach Kurt mit dünner Stimme: „Weihnachtsmann, gestern der Schlitten, der ist weggeflogen. Er war auch gar nicht zu bändigen, er hat mich abgeworfen und dann ist er weggeflogen.“

Der Weihnachtsmann ließ den Kopf hängen. „Was soll ich jetzt machen?“, murmelte er verzweifelt. „Der Schlitten weg. Das mit dem Erfinden war wohl doch keine gute Idee. Jetzt habe ich keinen Schlitten mehr. Weihnachten wird dieses Jahr wohl ohne Geschenke sein müssen.“

„Nein!“, schrie Bert empört. „Du kannst doch nicht einfach aufgeben. Du hast doch noch die Rentiere.“

Der Weihnachtsmann sah ihn traurig an. „Weißt du“, sagte er, „ich habe sie nicht gefüttert und ihren Stall nicht ausgemistet. Ich habe ihnen gesagt, dass ich sie verkaufen wolle. Sie werden bestimmt nicht den Schlitten ziehen wollen.“

„Na ja“, meinte Bert, „wenn du dich bei ihnen entschuldigst, helfen sie dir vielleicht doch noch.“

Der Weihnachtsmann holte tief Luft und sagte: „Wie du meinst. Probieren kann ich es ja mal.“ Die drei Weihnachtswichtel und der Weihnachtsmann liefen zum Rentierstall. Sie öffneten die Tür und traten ein. Die Rentiere wirkten erstaunt, als sie den Weihnachtsmann sahen. Er räusperte sich und sagte: „Es tut mir leid, liebe Rentiere, dass ich nicht gut zu euch war. Ich möchte mich bei euch entschuldigen und euch fragen, ob ihr weiterhin den Schlitten ziehen möchtet. Nehmt ihr die Entschuldigung an?“

Die Rentiere schwiegen lange, doch dann nickten sie. Der Weihnachtsmann freute sich. Er umarmte alle Rentiere. Dann drehte er sich zu den Wichteln um und sprach: „Bitte putzt die Rentiere, holt den alten Schlitten und säubert auch den.“

Die Wichtel machten sich sofort an die Arbeit. Kurt und Bert putzten die Rentiere und Albert den Schlitten. Der Weihnachtsmann kümmerte sich um die Geschenke.

~ ~ ~

Dann stand Weihnachten vor der Tür. Ein letztes Mal in diesem Jahr stiegen die Wichtel auf den Schneeberg. Albert, Bert und Kurt spannten die Rentiere vor den Schlitten und der Weihnachtsmann lud die Geschenke auf. Dann ging es los. Die Rentiere liefen los und sprangen ab. Der Schlitten flog in den Himmel und der Weihnachtsmann winkte den Wichteln zu. Bert, Kurt und Albert winkten auch. Dann war der Schlitten in der Dunkelheit verschwunden.

Bert, Kurt und Albert stiegen vom Schneeberg hinab und gingen in ihre Wichtelhöhle. Dort lagen drei Geschenke. Bert, Kurt und Albert freuten sich und sie packten sie aus. Und was darin war? Das ist deiner Fantasie überlassen.

Der Schneeengel

Von Clara Etzel

Ich wusste nicht, wie viele Stunden, nein, wie viele Tage ich schon damit verbracht hatte, hier zu sitzen. Ich lehnte an der Wand meines Zimmers und starrte mit fast emotionslosem Gesicht raus in den Garten. Weiß und grau. Das war das Einzige, das ich sah. Ab und zu verschwammen der schneebedeckte Garten und der trostlos graue Himmel vor meinen Augen und wurden zu einem einheitlichen hellgrauen Farbklecks. Dann blinzelte ich, bis sich Tränen aus meinen Augen lösten, meine Wangen herabliefen und auf meine Jeans tropften, wo sie den hellblauen Stoff dunkel färbten. Ich war es leid zu sitzen und zu weinen. Warum kam *sie* nicht und erlöste mich von meinem Leid? Warum half *sie* mir nicht, wenn es mir schlecht ging, warum war *sie* nicht bei mir und tröstete mich? Ich war doch auch immer für *sie* da gewesen … Erneut bildeten sich Tränen in meinen Augen, doch als der Garten diesmal vor meinen Augen wieder scharf wurde, hatte sich etwas verändert. Es hatte wieder zu schneien begonnen, doch noch etwas war anders: Der Garten war nicht mehr leer. Eine Person stand dort regungslos mitten im Schnee und starrte ins Leere.

Die Person trug einen langen, weißen Umhang mit einer Kapuze, die das Gesicht verdeckte. Der Mensch stand aufrecht da, aber schien nichts von seinem Umfeld mitzubekommen. Schnee blieb auf den Schultern und der Kapuze liegen, doch ihm schien es nichts auszumachen. Zum ersten Mal seit Wochen verspürte ich ein anderes Gefühl als Trauer. In mir kam Neugierde auf. Wer war das? Und warum stand er im Garten?

Mühsam richtete ich mich auf. Ich zitterte leicht, geschwächt durch die vielen Tränen, die ich vergossen hatte. Langsam verließ ich mein Zimmer und stieg die Treppe hinab. Wieder einmal verschwamm meine Sicht. Ich zog mir meine Schuhe an und ging durch die Terrassentür nach draußen. Der Mensch war immer noch da. Er starrte ins Leere und schien nicht zu bemerken, wie ich den Garten betrat und auf ihn zukam. Erst als ich vor ihm stehen blieb, hob er den Kopf. Als er mir in die Augen sah, fuhr ich zusammen. Es waren *ihre* Augen. Sie leuchteten blau und waren genauso, wie ich sie in Erinnerung hatte. In dem Moment, als ich ihn ansah, wusste ich es nicht, aber später merkte ich: Es war ein Engel, der da vor mir gestanden hatte.

„Lynn?" Die Stimme des Engels war sanft. Ich sah zu ihm hoch. Er war größer als ich, wenn auch nicht viel. *Sie* war nicht größer gewesen. Ich begann *sie* wieder mehr zu vermissen, doch die Tränen, die ich schon erwartete, kamen nicht. Ich fühlte mich leer.

Der Engel lächelte leicht. „Du hast sie so oft gesehen, aber nie begriffen, dass sie es ist", versuchte er mir zu vermitteln. Langsam drangen die Worte zu mir durch. Redete er von *ihr*? Wie sollte er wissen, wo *sie* war?

„Du wirst Alicia nicht finden, aber es geht ihr gut“, fuhr der Engel fort.

Woher wusste er, wie *sie* hieß? Und warum meinte er, ich würde *sie* nicht finden? Ich musste *sie* doch finden! Ich brauchte *sie* doch!

„Komm mit“, bat mich der Engel. „Du wirst verstehen, wo sie ist. Komm mit mir.“

Als er einige Schritte von mir wegging und sich nochmal mit einem traurigen Lächeln zu mir umdrehte, zögerte ich nicht und folgte ihm. Schweigend gingen wir durch die verschneiten Straßen meines Dorfes. Der Schnee hatte Ruhe in die Straßen gebracht, als wäre die Welt in einer Schneekugel gefangen, in die kein Geräusch hinein drang. Niemand begegnete uns.

Nach einer Weile erkannte ich, dass es mein Schulweg war, den wir liefen. Nur ein paar Mal hatte ich mich in den letzten Wochen zur Schule geschleppt, doch von dem, was dort vorne an der Tafel gesprochen wurde, war nichts zu mir durchgedrungen. Ich sah auf, als ein Quietschen die Stille zerriss. Der Engel hatte ein Tor geöffnet, durch das ich nun hindurchging. Ich sah wieder zu Boden. An einigen Stellen war der Schnee geschmolzen und ein gepflasterter Weg kam zum Vorschein. Mein Kopf war gedankenleer. Irgendwann blieb der Engel stehen. Ich sah ihn an und er wies mit seiner Hand neben sich. Ich folgte seiner Geste. Mein Blick glitt über Steine, die in Reihen aufgestellt waren. Grabsteine. An manchen brannten kleine rote Kerzen, die von Verwandten und Freunden angezündet worden waren. Kleine Lichter der Hoffnung in dieser dunklen Zeit. An einem Grab blieb mein Blick hängen. Der rotbraune, polierte Grabstein war mit Schnee bedeckt. Anders als bei den anderen Gräbern war dieser noch nicht mit einer feinen Schicht Moos überzogen. An diesem Grab brannte kein Licht. Es waren keine Kränze auf der schneebedeckten Erde abgelegt worden und keine Engelsfigürchen zierten das Grab. Langsam tastete sich mein Blick zu der Aufschrift des Grabsteins hoch und ich verstand.

~ ~ ~

Etwa eine halbe Stunde verweilte ich an dem Grab. Als ich mich wieder umdrehte und den Rückweg nach Hause antrat, war der Engel verschwunden.

Der Falke

Von Clara Etzel

Sein Blick glitt über die Dächer der Stadt. Er suchte ein Haus. Jedoch nicht irgendeins, sondern ein ganz bestimmtes. Die Fassade des Hauses war unscheinbar und grau und es war nicht höher als die anderen Häuser. Nichts ließ darauf schließen, dass dieses Haus anders war als die anderen. Er hatte es entdeckt, ging in den Sturzflug über und landete schließlich auf dem fleckigen, schmutzigen Fenstersims des Hauses. Das Fenster, durch dessen dreckige Scheiben man nicht hindurchblicken konnte, wurde leise geöffnet und er schlüpfte hindurch. Der Falke ließ sich auf dem ausgestreckten Arm eines Mannes nieder, der das Fenster wieder schloss.

„Wo warst du heute, Kleiner?“, fragte der Mann. Seine Stimme war kratzig und heiser, denn er hatte lange nicht mehr gesprochen. Er war keiner, der viel Besuch bekam, und so gab es niemanden, mit dem er reden konnte. Die Antwort des Falken war ein leises Krächzen, das den Mann zum Lächeln brachte. Er war kein gewöhnlicher Mann und eigentlich war er noch nicht einmal ein Mann, er war viel mehr. Er hatte keinen Beruf, er hatte eine Bestimmung. Er hatte sich diese nie ausgesucht und erfüllte sie trotzdem schon länger, als überhaupt vorstellbar war.

Doch der Mann erfüllte seine Bestimmung nicht nur, er war sie. Er war das Jahr. Er ließ die Blumen wachsen, bat die Sonne zu scheinen, brachte die Blätter dazu, sich zu verfärben und forderte das Eis auf, seinen kalten Atem über die Welt zu hauchen. Das Jahr war unvorstellbar mächtig. Dennoch suchte es noch nicht einmal in seinen Träumen der Gedanke heim, diese Macht gegen irgendein Lebewesen zu verwenden. Die Augen des Jahres blickten neutral auf die Welt herab und trotzdem war es kein Richter. Das Jahr existierte schon für eine viel zu lange Zeit, um überhaupt von irgendwem verstanden zu werden. Noch nicht einmal der Falke kannte alle Geheimnisse des Jahres und auch für ihn war es ein Rätsel, das er wohl niemals lösen würde.

~ ~ ~

Als am nächsten Tag die Sonne unterging, es war Winter, weshalb die Sonne recht früh wieder verschwand, beobachtete der Falke durch ein Fenster den alten Bibliothekar, der sich mit einem Jungen unterhielt. Das Fenster war gekippt und so entgingen dem Falken die Worte nicht, die durch den Raum huschten. Der Falke mochte den Bibliothekar. Er war ein Mann, den jeder mochte. Der Bibliothekar befreite die Menschen von dem Stress des Alltages und spendete ihnen Ruhe und Geborgenheit. Bei einer Tasse Tee und ein paar Plätzchen versanken sie dann in einem der Sessel, die der Mann in der Bibliothek hatte aufstellen lassen, und redeten sich all ihre Sorgen und Probleme von der Seele. Jeder, der die Bibliothek mit Sorgenfalten und gehetztem Gesichtsausdruck betrat, verließ sie mit einem Lächeln. Es war wie Magie. Der Bibliothekar erzählte dem Jungen eine Geschichte. Das tat er oft und die Kinder liebten seine Geschichten. Der alte Mann beendete seine Geschichte, die von Drachen, sternenüberfüllten Nachthimmeln und dem Gefühl vom Fliegen erzählte, und lächelte eine Weile stumm vor sich hin.

Der Junge sah ihn an. „Was ist dein größter Wunsch?“, fragte er.

Der Mann lächelte. „Wenn ich einen Wunsch frei hätte“, antwortete er dann, „würde ich mir wünschen, ewig Menschen glücklich machen zu können."

„Aber das kannst du doch!", meinte der Junge verwundert. „Du machst uns alle glücklich und so wird es immer sein."

Der Bibliothekar sah ihn lange an. Dann drehte er seinen Kopf zur Seite und ließ seinen Blick über die vielen Bücher wandern. „Nein. Niemand lebt ewig und meine Zeit ist bald vorbei."

~ ~ ~

Als der Falke an diesem Abend im roten Licht der untergehenden Sonne auf dem Fensterbrett landete und das Jahr das Fenster öffnete, schlüpfte der Falke schnell durch den Spalt und landete auf der Schulter des Jahres. Der Falke krächzte etwas, woraufhin das Jahr die Stirn runzelte. „Ich muss darüber nachdenken", antwortete es, „Die Zeit ist knapp, ich weiß, aber so etwas muss gut überlegt sein."

Das Jahr ging in einen Raum, wo es sich hinsetzte und nachdachte. Als die große Kirchenuhr Mitternacht schlug, stand es auf und ging zu dem Falken. „Ich habe mich entschieden", sagte das Jahr. Seine Stimme klang müde, obwohl das Jahr nie schlief. Der Falke legte seinen Kopf zur Seite. „Bring ihn morgen her. Er ist der Richtige." Ein warmes Lächeln schlich sich auf das Gesicht des Jahres.

~ ~ ~

Am folgenden Tag schaute der Falke durch das Fenster in die Bibliothek hinein. Ein Mann redete mit dem alten Bibliothekar, der ihm ein dickes Buch zuschob. Lächelnd nahm der Mann das Buch und öffnete die Tür, nachdem er sich von dem Bibliothekar verabschiedet hatte. Die Glocke klingelte leise und die Tür ging langsam zu, während sich die schweren Schritte des Mannes entfernten. Im letzten Moment breitete der Falke seine Flügel aus und schlüpfte durch den Türspalt. Hinter ihm fiel die Tür ins Schloss. Der Blick des Bibliothekars blieb auf dem Falken haften. Der Vogel flog auf ihn zu und setzte sich auf eine Stuhllehne. Eine Weile betrachteten sie einander bloß und ließen sich nicht aus den Augen. Dann ging der Bibliothekar auf den Falken zu. Der alte Mann humpelte und in seinen Augen konnte der Falke sehen, dass er unter Schmerzen litt. Der Falke ließ zu, dass der alte Mann näherkam und die zitternde Hand hob, um dem Falken über das Gefieder zu streichen. Als der Alte seine Hand wieder zurückzog, gab der Falke einen leisen Vogellaut von sich.

Der Bibliothekar erstarrte. „In Ordnung“, flüsterte er dann. „Ich komme mit dir.“ Er versuchte zu lächeln, doch seine Kräfte ließen es nicht mehr zu. Er brach zusammen.
Der Bibliothekar, der Mann, der die Ruhe in das Leben der Menschen gebracht hatte, war tot.

Doch nicht alles in ihm war tot. Und als der Falke zu dem Körper des Bibliothekars flatterte und die Stirn mit seinem Schnabel berührte, erhob sich der lebendige Teil des Bibliothekars. Wie eine Rauchwolke stieg er auf, verfestigte sich dann und wurde zu einem Menschen, der dem Bibliothekar so sehr glich, dass kein Unterschied feststellbar war. Es war die Seele des Bibliothekars, die ihren Platz in einem überirdischen Körper gefunden hatte, den sie selbst erschaffen hatte.

Der Falke und der Bibliothekar verließen die Bibliothek und ließen den alten Körper des Bibliothekars zurück. Das Glöckchen bimmelte leise, als die Tür ins Schloss fiel.

~ ~ ~

Es war der erste Tag, an dem der Falke nicht durch das Fenster in das Haus hereinkam, in dem das Jahr lebte. Diesmal flog er durch die Tür herein, an seiner Seite betrat der Bibliothekar das Haus. Das Jahr erwartete sie bereits. Es sagte einige Worte zu dem Bibliothekar in einer Sprache, die der Falke nicht verstand. Dann umarmte es ihn, als sei er ein alter Freund, den es viel zu lange Zeit nicht mehr gesehen hatte. Als das Jahr wieder einen Schritt zurücktrat und den Bibliothekar weiter in das Haus hineinführte, fiel dem Falken die Ausstrahlung auf, die von ihm ausging. Der Bibliothekar ging stumm und eingeschüchtert hinter ihm her, ein liebevolles Lächeln auf den Lippen, wie eh und je.

Das Jahr blieb vor dem Fenster stehen, durch das der Falke normalerweise hinein- und hinausschlüpfte. Es wandte sich dem Bibliothekar zu. „Bist du bereit?“, fragte es. Seine Stimme war tief und klangvoll. Sie strahlte Macht aus. Überirdische Macht.

Der Bibliothekar nickte. Das Jahr trat einen Schritt näher an ihn heran. Der Falke hatte sich auf dem Fenstersims niedergelassen und beobachtete lautlos, wie das Jahr seine Hände hob und damit den Kopf des Bibliothekars berührte. Seine Daumen berührten einander an dessen Stirn, die restlichen Finger lagen auf den Schläfen des alten Mannes. Licht floss aus den Fingern des Jahres. Es stellte eine Verbindung her. Das Jahr schloss seine Augen, der Bibliothekar hatte dies schon längst getan.

„Ich schenke dir die Kraft des Frühlings.“ Die Stimme des Jahres erfüllte den ganzen Raum. Das

Licht wurde grün. In verspielten Schnörkeln floss es in die Schläfen des Bibliothekars. Der Mann regte sich nicht. „Ich gebe dir die Energie des Sommers“, ließ das Jahr vernehmen, als das Licht gelb wurde. Eine Weile später färbte es sich rot und ein Sturm zog auf. „Mit dir sollen die Farben des Herbstes sein!“, rief das Jahr und der Wind heulte auf. Danach flachte der Sturm ab und es wurde eisig kalt. Das Licht wandelte sich erneut und strahlte in hellem Blau auf. „Die Ruhe des Winters“, murmelte das Jahr und legte seine Stirn gegen die des Bibliothekars. „Zu guter Letzt schenke ich dir die Ewigkeit des Jahres.“

Alle Farben glommen auf und umhüllten die beiden. Wie ein Wirbelsturm drehten sie sich und als sie langsam verloschen, war der Bibliothekar kein Bibliothekar mehr.

~ ~ ~

Nur einen Tag später wurde der Tod des Bibliothekars gemeldet. Fassungslosigkeit machte sich breit. Als der Sarg mit dem toten Körper in das Grab hinabgelassen wurde, war es eisig kalt und dichte Schneeflocken fielen vom Himmel. Trotzdem war fast jeder, der den Bibliothekar einmal getroffen hatte, am Friedhof versammelt und keiner konnte die Tränen zurückhalten. Der

Bibliothekar, der ihnen allen Ruhe und Freude geschenkt hatte, war fort.

~ ~ ~

Am Abend saß ein Junge mit seinen Eltern im Wohnzimmer am Kamin und starrte mit leerem Blick ins Feuer. Eine Träne kullerte seine Wange herab. Wie alle Kinder hatte er die Geschichten des Bibliothekars geliebt und konnte sich nicht vorstellen, wie es ohne den gutmütigen, glücklichen Mann sein würde. Da klingelte es an der Haustür. Langsam erhob sich die kleine Familie, um nachzusehen, wer vor der Tür stand. Als sie öffneten, lächelte sie ein Mann an. Er trug einen warmen, roten Mantel und eine Zipfelmütze in derselben Farbe, um sich vor der Kälte zu schützen. In ihm erkannten sie den Bibliothekar, der gekommen war, um ihnen wie eh und je Ruhe und Frieden zu schenken und ihnen auch den ein oder anderen Wunsch zu erfüllen. Der Bibliothekar war kein Bibliothekar mehr. Er war der, dem das Jahr die Bestimmung gegeben hatte, der zu sein, der jedes Jahr kommen würde, um den Menschen in der kältesten und dunkelsten Zeit des Jahres die Ruhe und das Glück zu bringen, was sie brauchten.

Die Weihnachtsmagie

Von Johanna Kleinke

Die Schneeflocken fielen vom Himmel. Ein kalter Wind fuhr durch mein Haar. Eine der kleinen Schneeflocken landetet auf meinen Lippen. Ich schmeckte das Wasser. Ohne es zu merken, streckte ich meine Hand aus. Die kleinen Kristalle landeten auf meiner offenen Handfläche. Anders als auf meinen Lippen schmolzen sie auf meiner Hand nicht. Ich blickte hoch in den Himmel. Es war erst Mitte Dezember. Eigentlich viel zu früh für Schnee. Ich schloss meine Hand. Die Kristalle blieben auf meiner Hand. Es würde zu früh sein, doch ich musste jetzt gehen. Ich blickte auf das Gebäude, was hinter mir lag. Die Lichter erhellten das Gebäude. Mein Blick fiel wieder auf den Himmel. Der Schneefall war doller geworden. Ohne noch einmal nach hinten zu schauen, schwang ich mich in den Himmel. Meine Flügel kamen schneller als letztes Jahr. Ich war eine Auserwählte. Eine von Hundert. Meine Flügel trugen mich immer weiter. Ich nutzte die Aufwinde, die mich Richtung Norden trugen.

Das Meer kam bald, doch ich besaß überhaupt kein Zeitgefühl. Es hätten fünf Minuten vergangen sein können. Oder auch fünf Stunden. Nach und nach sah ich mehr Vögel, die in die gleiche Richtung flogen wie ich. Jedoch kam keiner der anderen nah an mich heran. Ich selbst flog auch nicht näher an die anderen. So waren die Vorschriften. Der Schneefall hatte wieder eingesetzt.

Ich flog nochmal schneller. Das Meer kam in Sicht. Ich überwand es ohne Probleme.

Das letzte Jahr zog an mir vorbei. Kurz nachdem ich wiedergekommen war, es war kurz nach Silvester, war ich wieder in ein Heim gekommen. Jedes Jahr war es ein neues Heim. Freunde fand ich nie. Letztes Jahr war alles normal. Wieso hatte der Schneefall dieses Jahr so früh eingesetzt? Der Nordpol lag unter mir. Die Vögel unter mir gingen in den Sinkflug. Ich tat es ihnen nach und hörte, wie die hinter mir ebenfalls runtergingen. Als meine Füße den Boden erreichten, verwandelte ich mich zurück.

Andere standen schon vor dem Eingang. Ich ging zu der Tür und legte meine Hand auf den Türknauf. Die Wärme, mit der mein Handabdruck genommen wurde, war mir schon vertraut. Ich zuckte nicht mehr zurück, wie ich es in den Jahren zuvor gemacht hatte. Doch anders als in den Jahren zuvor ließ sich der Türknauf nicht drehen. Andere, die um mich herumstanden, machten Gesichter, als würden sie dieses Problem kennen. Ich versuchte es noch einmal. Und noch einmal. Nichts geschah. Alle anderen waren nun angekommen. Wäre ein normaler Mensch vorbeigekommen, hätte er sich gewundert, was hundert Zehn- bis Fünfzehnjährige vor einem Berg, der ganz aus Schnee bestand, machten. Doch keine dieser Informationen war richtig. Wir waren keine zehn oder fünfzehn Jahre alt. Ich war grade mal fünf. Jeder, der so aussah wie ein bestimmtes menschliches Alter gehörte zu einem bestimmten Aufgabenbereich. Ich sah aus wie eine Vierzehnjährige und war mit den anderen „Vierzehnjährigen“ für die Geschenke zuständig. Ich blickte nochmal auf den Schneeberg. Es war kein gewöhnlicher Schneeberg. Er war entstanden durch Magie. Weihnachtsmagie. Ich spürte sie auch jetzt durch die dicken Wände hindurch.

Die anderen standen unschlüssig vor der Tür. Manche waren schon seit über zehn Jahren hier, fiel ihnen nichts ein? Ich fing an, um den Berg herumzulaufen. Als die anderen aus meiner Sicht verschwanden, fing ich an zu laufen. Der Berg war einfach nur riesig. Als ich aus der Puste war, blieb ich stehen.

Ein grüner Nebel stieg vor mir auf. Ich blickte hoch. Der Nebel zog vor mir her. Ich fing an, dem Nebel zu folgen. Der Nebel war wie ein Wegweiser für mich. Auf einmal verzog sich der Nebel. Ich blickte zu dem Berg. Eine Felsspalte war vor mir. Ich glitt hinein. Ein Tunnel öffnete sich. Ich ging den Tunnel entlang. Es war mittlerweile so finster, dass ich nichts mehr sehen konnte. Ich tastete mich den Gang entlang. Am Ende konnte ich Licht sehen. Ich ging immer schneller. Ein Mann stand vor einem Tisch. Ich ging darauf zu. Es war der Weihnachtsmann.

„Hallo“, sagte ich.

Der Weihnachtsmann drehte sich um. „Hallo“, erwiderte er. „Was machst du hier und warum bist du schon da, sind die anderen etwa auch schon da?“ Er blickte mich verwirrt an.

„Der Schneefall hat begonnen, doch das Tor vorne geht nicht auf. Alle anderen sind auch schon da“, meinte ich.

Der Weihnachtsmann sah mich verzweifelt an.

„Ist alles in Ordnung?“ fragte ich.

„In Ordnung?“, fragte er mit aufgebrachter Stimme. „In Ordnung ist nichts. Alle Geräte spinnen herum, seit ihr letztes Jahr gegangen seid. Es ist zum Verrücktwerden“, meinte er nach einer Weile mit einer ruhigeren Stimme.

„Welche Geräte sind es denn alles?“ Er zählte die verschiedenen Geräte auf.

„Wir könnten dir helfen“, meinte ich dann.

Er lachte leicht. „Versuche erst mal die Tür vorne aufzukriegen. Dann könntet ihr mal gucken, ich bin aber schon das ganze Jahr damit beschäftigt. Wenn es so weitergeht, fällt Weihnachten dieses Jahr komplett aus“, meinte er nun mit aufgebrachter Stimme.

Ich nickte leicht und wandte mich zu der Tür des Raumes. „Was hast du vor?“, fragte er.

„Ich werde jetzt versuchen, die anderen hereinzulassen“, sagte ich mit selbstbewusster Stimme.

Der Weihnachtsmann seufzte.

Ich öffnete die Tür. Wie ich vermutet hatte, lag dahinter die Große Halle. Ich blickte ehrfürchtig auf die Geschenkemaschine. Dann ging ich durch den Berg auf die andere Seite. Die Tür war immer noch verschlossen. Ich versuchte, den Türknauf zu drehen. Es hakte. Dann knackte es und die Tür gab nach. Die Tür schwang auf. Neunundneunzig Gesichter sahen mich fragend an. Ich erklärte mit wenigen Worten die Lage. Jeder ging zu seinem Aufgabenbereich.

Ich ging zu der Geschenkemaschine. Jemand hatte alle Wunschlisten der Kinder hergeholt. Ich legte den ersten Wunschzettel auf den Scanner. Es piepte. Dann kam ein großes Feuerwehrauto. Ein anderes Mädchen nahm es entgegen und fing an, es einzupacken. Bisher verlief alles normal. Doch dann kam noch ein Feuerwehrauto und noch eins. Dabei stand doch nur eins auf der Liste! Es kamen immer mehr. Den Wunschzettel hatte ich längst runtergenommen. Ein Junge zog den Stecker und die Maschine fuhr runter. Wir blickten uns erstaunt an. „Die Weihnachtsmagie ist zu stark“, murmelte ich. Ich fand sie mittlerweile so stark, dass es in meiner Brust zog. Ich ging einmal um die Maschine herum. Im hinteren Teil waren viele Knöpfe.

„Da hat jemand herumgedreht!“, meinte ich zu den anderen. Alle kamen um die Maschine herum. Wir drehten die Knöpfe wieder so, wie sie vorher waren. Dann schalteten wir die Maschine ein. Ich legte einen neuen Wunschzettel auf den Scanner. Ein Buch kam heraus. Das Mädchen, das das Feuerwehrauto eingepackt hatte, holte es und fing auch an, dieses Geschenk zu verpacken. Alle starrten auf die Maschine, doch nichts geschah. Kein weiteres Buch kam. Ich legte einen neuen Wunschzettel auf den Scanner. Die Maschine machte genau das, was sie machen sollte. Alle von uns fingen an zu jubeln. Es hallte in der Großen Halle wider. Ich blickte in die Runde. „Ich denke, dass hier fünf Arbeiter reichen. Wir sollten gucken, ob wir den anderen helfen können.“ Alle nickten zustimmend. „Wer möchte hierbleiben?“, fragte ich in die Runde.

Das Mädchen, das die Geschenke eingepackt hatte, hob ihren Arm. Außer ihr noch drei andere Mädchen und ein Junge. Ich nickte zustimmend. Dann ging jeder von uns zu einer der anderen Aufgaben.

Ich ging zum Weihnachtsmann, um ihm die gute Nachricht zu überbringen. Ich klopfte. „Herein“, meinte er mit seiner tiefen Stimme.

Ich öffnete die Tür. „Ich wollte nur kurz sagen, dass die Geschenkemaschine wieder funktioniert.“

Er nickte kurz. „Woran lag es?“, fragte er.

„Die Knöpfe waren nicht richtig gedreht“, meinte ich.

„Aber letztes Jahr waren sie doch noch richtig, oder nicht?“, fragte er.

Ich nickte leicht. „Ja.“

„Woran könnte es liegen?“, fragte er.

Ich überlegte kurz, ob ich ihm das mit der Weihnachtsmagie erzählen sollte, ließ es dann aber. Ich zuckte nur mit den Schultern.

„Könntest du es bitte herausfinden“, sagte er ein bisschen leiser. Ich nickte wieder. Dann ging ich hinaus. Als erstes ging ich in den Rentierstall. „Wie sieht es hier aus? Alles in Ordnung?“

Ein kleines Mädchen schüttelte den Kopf. „Nein, den Rentieren geht es gut, doch der Schlitten hat eine Kufe gebrochen“, sagte sie.

Ich ging zu dem Schlitten. Die Magie in mir wurde stärker. Wie vorhin bei dem Nebel wusste ich mit einem Mal, was ich tun musste. Ich legte meine Hand auf die Kufe und schloss die Augen. Die Magie bündelte sich und verlief durch meinen Körper. Meine Hand wurde wärmer, doch es war nicht unangenehm. Ich öffnete die Augen und sah ein blaues Licht, das meine Hand umgab. Als die Wärme nachließ, verschwand das blaue Licht. Die Kufe war repariert. Alle fingen wieder an zu jubeln. Ich ging weiter. Immer half mir die Weihnachtsmagie. Noch an dem gleichen Tag funktionierten alle Maschinen wieder. Am Abend bedankte sich der Weihnachtsmann bei mir. Wir gingen alle auf unsere Zimmer. Jeder hatte ein eigenes. Ich legte mich in mein Bett, doch schlafen konnte ich nicht. Ich stand auf und tigerte in meinem Zimmer herum. Die Weihnachtsmagie ließ mich nicht los. Ich legte mich wieder hin, ich konnte immer noch nicht schlafen.

~ ~ ~

Irgendwann musste ich eingeschlafen sein, denn als ich meine Augen wieder öffnete, war es eiskalt in meinem Zimmer. Ein Eiszapfen hing von der Decke. Ich runzelte die Stirn. Wir froren doch nie. Ich zog mir die Decke bis zum Hals. Dann fasste ich einen Entschluss und zog meine dicksten Sachen an. Ich ging aus meinem Zimmer. Alle standen schon draußen. Als sie mich kommen sahen, zeigten sie mit dem Finger auf mich. „Sie ist schuld“, meinten einige. „Sie und ihre Weihnachtsmagie“, meinten andere. Ich ging zu ihnen, doch alle drehten sich weg. Niemand beachtete mich.

~ ~ ~

Ich schreckte auf. In meinem Zimmer war es wieder warm. Ich stand auf. Ein Zettel lag auf dem Boden neben meinem Bett. Ich hob ihn auf. *„Ja, ich war es. Ich bin jetzt aber weg. Ich habe dem Weihnachtsmann den Rücken gekehrt*“ stand auf dem Zettel. Ich rannte aus dem Zimmer. In jedes andere Zimmer guckte ich. In jedem Bett lag jemand. Nur eines war frei. Ich durchquerte mit schnellen Schritten das Zimmer. Das Bett war leer. Niemand war dort. Ich blickte mich in dem Zimmer nach Anhaltspunkten um, wo die verschwundene Person hingegangen sein könnte. Doch ich fand nichts. Ich eilte aus dem Zimmer zum Weihnachtsmann und zeigte ihm den Zettel.

„Ich kenne die Handschrift. Und ich weiß, wo sie hingegangen ist.“ Er nahm schnell einen Zettel und malte dort eine Skizze für mich auf. „Dort ist eine Höhle. Ich glaube, du wirst sie dort finden.“

Ich nickte und nahm die Karte, die er gemalt hatte. Auf dem Weg zur Tür prägte ich mir den Weg ein. Vor der Tür verwandelte ich mich. Ich flog zu der Höhle und verwandelte mich zurück. In der Höhle brannte ein kleines Feuer. Ein Schatten lag auf der Wand, auf die ich blickte. Ein Mädchen in meinem Alter hatte sich zusammengekauert vor das Feuer gesetzt. Sie hatte die Beine angezogen und ihre Arme um die Knie gelegt. Ein Wimmern kam von ihr.

„Hey“, sagte ich in ruhigem Ton und setzte mich neben sie. „Was ist genau passiert?“, fragte ich sie, nachdem wir eine Weile geschwiegen hatten.

„Ich habe alles sabotiert. Noch bevor wir letztes Jahr gegangen sind.“

Ich schwieg und wartete, ob sie noch etwas sagen wollte, aber sie starrte nur ins Feuer. Nach einer Weile fragte ich: „Warum hast du es denn getan?“

Ihr Blick hob sich. „Ich bin es satt. Jedes Jahr müssen wir in ein neues Heim. Jedes Jahr eine neue Lüge. Nie findet man Freunde und wenn, dann muss man sie sofort wieder verlassen. Ich wollte es nicht mehr.“

Ich nickte leicht. Ich verstand, was sie meinte. „Was wolltest du denn damit bezwecken, dass du alles kaputt machst?“

Sie zuckte nur mit den Schultern. „Wir sollten alle arbeitslos werden“, meinte sie.

„Aber überlege doch mal, wie vielen Kindern du damit geschadet hättest. Jedes Kind freut sich doch so über Weihnachten. Und glaube mir, du hättest so noch nicht mal dein Problem gelöst. Wir wurden mit der Weihnachtsmagie so verformt, dass wir nicht altern können. Nach zwei Jahren hättest du das Heim wieder verlassen müssen, weil es zu auffällig gewesen wäre.“

Sie nickte langsam: „So habe ich das noch nie gesehen. Ich habe wohl einfach nur aus blinder Wut gehandelt.“ Sie blickte wieder ins Feuer. Eine Träne lief über ihre Wange. „Aber es ist doch jetzt eh zu spät. Alle werden mich hassen.“

Ich schüttelte den Kopf. „Die anderen wissen nichts davon. Nur der Weihnachtsmann. Komm, wir gehen zu ihm und du versuchst, es mit ihm zu klären."

Sie zögerte kurz, doch dann folgte sie mir hinaus. Wir flogen Seite an Seite zurück. Ich brachte sie zum Weihnachtsmann und ließ sie dann alleine. Ich verzog mich auf mein Zimmer.

Kurz Zeit später klopfte es. Ich öffnete die Tür. Das Mädchen stand vor mir. „Ich habe alles mit dem Weihnachtsmann besprochen. Wir alle sollen nun immer das komplette Jahr hierbleiben."

Ich nickte, froh über diesen Ausgang. Den Rest des Tages blieb ich in meinem Zimmer und grübelte. Am Abend fasste ich einen Entschluss und ging zum Weihnachtsmann. „Hallo", begrüßte er mich. Noch bevor ich irgendetwas sagen konnte, sprach er schon weiter: „Ich weiß, was du möchtest. Ich habe auch nachgedacht. Ich denke, es ist besser, wenn du Abstand von diesem Berg kriegst."

Ich schaute ihn verwundert an. Wie hatte er meine Gedanken lesen können? Wie war es möglich? Er zwinkerte. „Nur weil alle anderen nicht so viel Weihnachtsmagie in sich haben wie du, heißt es nicht, dass du die Einzige bist. Nicht ohne Grund bin ich der *Weihnachts*mann."

Ich lächelte, drehte mich um und ging. Ich verließ den Berg mit großen Schritten und flog davon. Den Blick hatte ich nur nach vorne gerichtet. Nach hinten blickte ich nicht mehr.

~ ~ ~

Am 24. Dezember saß ich auf einem Dach in einer Stadt. Die Sonne war gerade untergegangen und die Sterne fingen an, vom Himmel herab zu funkeln. Mein Blick fiel auf den Mond. Es war Vollmond. Auf einmal sah ich, wie ein Schatten vor den Mond trat. Ich erkannte den Schlitten vom Weihnachtsmann. Ich lächelte und stand auf. Der Schlitten kam näher auf mich zu. Er kam kurz vor mir zum Stehen. „Komm doch mit“, meinte der Weihnachtsmann zu mir. Ich nickte und stieg zu ihm in den Schlitten. Seitdem flogen immer ein paar Wichtel – wie uns Menschen nun nennen – mit dem Weihnachtsmann mit. Ich blieb in der Stadt und kam aber jedes Jahr Weihnachten mit. Und auch jetzt noch möchte ich Weihnachtsmagie in die Welt bringen.

Zu viel des Guten

Von Clara Etzel

Er versicherte sich ein weiteres Mal, dass die Türen abgeschlossen waren, und stellte sich dann selbst mit einem Seufzen in die gläserne Kabine daneben. Er schaute auf den Monitor und ging die Einstellungen durch. Alles war richtig. Die rote Zipfelmütze zupfte er mit einer Hand zurecht, während er mit der anderen den Mantel glatt strich, der dieselbe Farbe hatte. Er prüfte, ob die silberne Gürtelschnalle neben ihm lag, und betrachtete dann noch kurz die goldene, die seinen Gürtel zusammenhielt. Er fuhr gedankenverloren mit einer Hand durch die Kiste mit 99 ansteckbaren Nummern, die neben ihm stand. Dann schüttelte er kurz seinen Kopf, streckte sich und betätigte daraufhin mit zitternden Händen den Hebel. Schmerzen schossen durch ihn, während gleißendes Licht ihn abscannte und dann vor ihm hinter der Glasscheibe ein dreidimensionales, lebensgroßes Abbild von ihm selbst erschien.

Der Schmerz verebbte. Er wischte sich kalten Schweiß von der Stirn und griff immer noch zitternd in die Kiste mit den Nummern. Er suchte das Schild mit der Zahl 1 heraus und öffnete vorsichtig und schnell das Glasfenster vor sich. Schnell steckte er dem, der keinen Unterschied zu ihm aufwies, die Nummer an und schloss das Fenster mit einem Knall. Er betätigte einen Knopf, der Boden öffnete sich und der andere verschwand.

Als der Boden wieder verschlossen war, schloss er für einen Moment seine Augen. Einer war geschafft. 98 weitere würden noch hinzukommen. Er öffnete seine Augen wieder und legte den Hebel ein weiteres Mal um.

~ ~ ~

Die Türklingel läutete und der Weihnachtsmann zuckte zusammen. Zitternd stand er auf und schlich auf Zehenspitzen zur Haustür. Er wollte keinen unnötigen Lärm machen. Als er die Tür öffnete, lachte ihm ein bekanntes Gesicht entgegen. Der Weihnachtsmann versuchte zu lächeln. Gespielt fröhlich begrüßte er den uneingeladenen Gast. Dieser ging an ihm vorbei ins Haus, streifte Schuhe und Jacke ab und ließ sich im Wohnzimmer auf einem Sessel nieder. Der Weihnachtsmann, der zu dieser Zeit im Jahr immer ein einziges Nervenbündel war, folgte ihm. „Ich wollte mit dir über eine Sache reden“, begann der Braunhaarige das Gespräch. Seine blauen Augen funkelten fröhlich.

Der ganz in Rot gekleidete Weihnachtsmann nickte, doch als der Mann zu reden begann, horchte er nach anderen Geräuschen. War da ein Rumpeln gewesen? Ein Poltern? Regten sie sich schon?

„Hörst du mir überhaupt zu?“ Der Mann hatte sich vorgebeugt und riss den Weihnachtsmann aus seinen Gedanken. Dieser schrak zurück. Die Miene des Braunhaarigen wurde besorgt. „Was ist los?“, fragte er.

Der Weihnachtsmann schüttelte den Kopf. „Nichts. Alles ist gut“, gab er als Antwort. Wenn Claus nur wüsste, dass sich eine Etage tiefer, im Keller, 99 Männer aufhielten, die dem Weihnachtsmann bis aufs Haar glichen. Hoffentlich wachten die Klone noch nicht auf. Hoffentlich merkte sein Bruder nichts. Es würde ihm nicht gefallen. Eigentlich waren sie keine Brüder. Aber dort, wo sie aufgewachsen waren, waren sie irgendwie alle Geschwister gewesen.

~ ~ ~

Einige Stunden später eilte der Weihnachtsmann die Treppe hinunter, die zum Keller des Hauses führte, und in einem großen Schrank versteckt lag. Er konnte Schritte und Stimmen hören. Der Weihnachtsmann stieg die letzte Treppenstufe hinab. Er näherte sich dem Raum, in dem seine 99 Klone warteten. Vorsichtig schaute er durchs Fenster. Der letzte, bei dem er vorne auf dem Anstecker die Zahl 99 lesen konnte, rappelte sich gerade auf und streckte sich. Alles schien in Ordnung zu sein. Der Weihnachtsmann strich seinen Mantel glatt und räusperte sich einmal. Dann schloss er die Tür auf und ging in den Raum zu seinen Klonen. Sie drehten sich zu ihm um. Regungslos standen sie da. Der Weihnachtsmann drehte den Schlüssel im Schloss der Tür herum und steckte ihn ein. Er ging durch die Reihen der bewegungslosen Weihnachtsmänner, die seine Bewegungen nur mit ihren Augen verfolgten. Es herrschte Stille, die nur von seinen Schritten durchbrochen wurde. Die Anspannung aller 100 Weihnachtsmänner war deutlich spürbar. Der einzige von ihnen, der nicht geklont war, blieb schließlich vor den 99 anderen stehen.

„Willkommen", begrüßte er sie. Seine Stimme war ruhig und leise und trotzdem hallte ein Echo von den kahlen Wänden wider. „Ihr kennt eure Aufgabe", fuhr er fort. „Ihr müsst dafür sorgen, dass bis Weihnachten alles fertig ist. Ich verlasse mich auf euch. Ich hoffe, ihr seid euch eurer Verantwortung bewusst."

Vereinzelt nickten Klone unter dem strengen Blick ihres Originales. Der Weihnachtsmann verließ den Raum und kam wenige Zeit später mit einem großen Plakat wieder. Er hängte es an der Wand auf. „AUFGABENVERTEILUNG" stand in Großbuchstaben in der ersten Zeile geschrieben. „Ihr macht das, was eurer Nummer zugeteilt worden ist", erklärte der echte Weihnachtsmann, während seine Klone das Plakat betrachteten.

“1 – 10 Geschenke aussuchen
11 – 20 Material bestellen
21 – 30 Geschenke herstellen
31 – 40 Geschenke verpacken
41 – 50 Gebäck herstellen
51 – 60 Rentiere verpflegen, Schlitten putzen
61 – 70 Briefe lesen und beantworten
71 – 80 E-Mails lesen und beantworten
81 – 90 Kleidung waschen, putzen
91 – 99 Überall helfen, wo Hilfe benötigt wird“

„!ACHTUNG! Ungesehen bleiben! Weiß jeder, was er tun muss?“, wollte der Weihnachtsmann nach einer Weile wissen. Da keiner der Klone etwas antwortete, schloss der Weihnachtsmann die Tür auf. „Folgt mir“, wies er seine Klone an. Die 99 geklonten Weihnachtsmänner setzten sich in Bewegung. Bei einigen waren die Bewegungen geschmeidig, bei anderen ruckartig. Sie waren nicht alle gleich, denn Eigenschaften übertrugen sich nie zu 100 Prozent. Doch sie alle verband der Wille, ein perfektes Weihnachtsfest vorzubereiten.

Der Weihnachtsmann führte sie in einen benachbarten Raum. Der Saal war riesig. Die Wände waren mit weißer Farbe gestrichen und es standen 99 Betten darin, auf denen rote Kopfkissen und Bettdecken lagen. Die Bettlaken waren weiß. Die Klone strömten in den Raum, während das Original bei der Tür stehen blieb. Hätte ein

Fremder das Original mit einem Klon verglichen, wären ihm nur zwei Unterschiede aufgefallen. Der Klon trug ein Schild mit einer Nummer, das Original nicht. Während die Gürtelschnalle des Klons golden war, glänzte die des echten Weihnachtsmannes silbern.

„Hier werdet ihr schlafen“, erklärte der Weihnachtsmann mit der silbernen Gürtelschnalle, als die Weihnachtsmänner mit den goldenen Gürtelschnallen zur Ruhe gekommen waren.

Der Weihnachtsmann setzte seine Führung fort. Er zeigte seinen Klonen die Küche, den Waschraum, die Arbeitszimmer, Produktionshallen und Ställe, sowie die Hallen, in denen die Schlitten den Sommer über standen. Dann führte er sie zurück in den Keller. Dort angekommen klatschte er in die Hände, um die Aufmerksamkeit auf sich zu ziehen. „Ihr wisst, was ihr tun müsst“, sagte er. „Also legt los mit der Arbeit!“

Die geklonten Weihnachtsmänner strömten wie ein rot gefärbtes Meer aus dem Raum und begannen, ihren Aufgaben nachzugehen.

~ ~ ~

Einige Tage später diskutierte der Weihnachtsmann in einem der Büroräume mit Klon 7, welcher plante, einer gesamten Familie überhaupt nichts zu schenken, da ihm ihr Nachname nicht gefiel. Der Weihnachtsmann seufzte laut auf. Wieso waren manche seiner Klone so unterbelichtet? „Auch diese Familie bekommt Geschenke“, stellte der Weihnachtsmann klar.

„Nein“, erwiderte die aufsässige Nummer 7.

Zornesfalten bildeten sich auf der Stirn des Weihnachtsmannes. Er trat einen Schritt auf Klon 7 zu und versuchte bedrohlich zu wirken. „Hier wird gemacht was ich sage, verstanden?“

Er hoffte, dass seine Stimme so klang, als dulde er keinen Widerspruch, doch anscheinend hatte er sein Ziel nicht erreicht. Klon 7 starrte ihn an, ohne auch nur das kleinste bisschen eingeschüchtert zu sein. Wut und Enttäuschung brodelten in dem Weihnachtsmann wie kochende Lava auf. Er gab sich so viel Mühe mit den Klonen und der Prozess war wirklich nicht ungefährlich. Aber alleine schaffte er es nun mal nicht. Es lag an ihm, das Weihnachtsfest bestmöglich zu gestalten und er wollte niemanden enttäuschen. Wieso hatte er trotzdem so viel Pech mit seinen Klonen? Konnten sie nicht einfach ohne Widerrede ihre Arbeit erledigen? Danach würden sie doch sowieso wieder verschwinden …

Eine Hand griff nach der Schulter des Weihnachtsmannes und zog ihn ein Stück zurück. Der Weihnachtsmann drehte sich um und sah in das lächelnde Gesicht eines Klons. Der Blick des Weihnachtsmannes huschte zu dem Nummernschild seines Klons. Es war Klon 27, der vor ihm stand. Demnach war er für die Herstellung der Geschenke zuständig. Das erklärte auch, warum er hier herumlief anstatt zu arbeiten. Die Klone mit den Nummern von 21 bis 30 hatten in den ersten Arbeitstagen jedes Jahr kaum etwas zu tun, da die benötigten Materialien noch nicht angekommen waren. „Reg dich nicht auf“, sagte Klon 27 so leise, dass es außer dem Weihnachtsmann niemand hören konnte. Klon 27 ließ die Schulter des Weihnachtsmannes los und ging zu Klon 7.

„Du wirst jetzt für diese Familie Geschenke aussuchen“, befahl er ihm. „Und ich will nicht noch einmal hören, dass du irgendetwas nicht machst, das du machen sollst.“ Mit eisernem Blick sah Klon 27 in die Augen von Klon 7. Er blinzelte nicht, sondern starrte ihn ohne Unterbrechung an. Lange hielt Klon 7 dem Blick nicht stand. Er senkte schon bald den Kopf und murmelte: „Entschuldigung. Das wird nicht wieder vorkommen.“

Unter den wachsamen Augen von Klon 27 machte er sich ohne zu murren wieder an die Arbeit. Nach einigen Minuten drehte Klon 27 sich um und schob den Weihnachtsmann sachte aus dem Raum. Angst breitete sich in dem echten Weihnachtsmann aus. Wenn selbst sein Klon eindrucksvoller war als er, war er dann überhaupt noch gut genug als Weihnachtsmann? War Klon

27 nicht viel besser als er? Er wollte Klon 27 schon fragen, was dieser so anders machte, doch kaum hatten sie das Büro verlassen, verschwand Klon 27 schon in Richtung der Produktionshallen und ließ den Weihnachtsmann in seiner Verwirrung alleine zurück.

~ ~ ~

Eine Woche später war die Arbeit in vollem Gange. Sie kamen gut voran. Ab und zu dachte der Weihnachtsmann sogar, dass alles zu glatt lief, und wartete schon fast auf die große Katastrophe. Doch diese kam nicht. Alles lief perfekt.

~ ~ ~

Eines Abends, als der Weihnachtsmann müde in einem Sessel saß und seine Augen beinahe zufielen, hörte er jemanden näherkommen. Er öffnete seine Augen und sah einen Klon vor sich stehen. Sein Blick fiel auf den Anstecker mit der Nummer. Es war Klon 27, der sich nun auf einen anderen Sessel sinken ließ. „Wir sind schon fertig für heute", gab der Klon leise von sich. Das Ticken der alten Wanduhr durchzog die Stille im Raum. Der Weihnachtsmann hob den Kopf. In der Miene seines Klons erkannte er Trauer.

„Was ist los?“, fragte er gedämpft, um die Ruhe zu bewahren.

Klon 27 sah ihm in die Augen. „Ich will hier nicht weg“, wisperte er. In seinen Augen schimmerten Tränen.

„Wie meinst du das?“, wollte der Weihnachtsmann wissen. Er klang verwirrt.

„Es ist doch klar, dass wir nach Weihnachten verschwinden werden“, antwortete Klon 27 mit verbitterter Stimme. „Wir sind schließlich nur geklont. Aber mir gefällt es hier. Ich möchte bleiben.“

Geschockt riss der Weihnachtsmann seine Augen auf. Klon 27 bemerkte den erschrockenen Ausdruck des Weihnachtsmannes und fügte hinzu: „Ich glaube die anderen wissen nicht, dass sie Klone sind.“

Seine Worte beruhigten den Weihnachtsmann zwar, aber er machte sich dennoch Sorgen. Es war nicht gewollt, dass die Klone Gefühle oder eine eigene Meinung hatten. Er musste sich in Acht nehmen.

Ein paar Minuten später stand Klon 27 auf und lief die Treppe in den Keller hinunter. Hinter ihm sperrte der Weihnachtsmann den großen, alten Schrank aus Eichenholz ab.

~ ~ ~

An einem Tag, als die Arbeit in vollem Gange war und ununterbrochen Klone durch das ganze Haus eilten, klingelte es auf einmal an der Tür. Die Klone erstarrten in ihrer Bewegung. „Ab in den Keller!“, ordnete der Weihnachtsmann an und stürmte als Erster die Treppe im Schrank hinunter.

Vor der Tür des großen Schlafsaales blieben sie stehen. „Ihr geht der Reihe nach rein“, befahl der Weihnachtsmann. „Zuerst die 1, zuletzt die Nummer 99.“

In einer Schlange stellten sie sich auf. Ein Stockwerk höher schrillte die Türklingel ein weiteres Mal auf. Hektisch schob der Weihnachtsmann Klon 1 in den Schlafsaal. Der Reihe nach marschierten sie hinein, während der Weihnachtsmann ihre Nummern überprüfte.

„25“, murmelte der Weihnachtsmann und ließ Klon 25 in den Raum. „26“ Der nächste folgte. „27“, nuschelte der Weihnachtsmann in seinen Bart, doch der Klon blieb stehen. „27“, sagte er noch einmal, diesmal etwas deutlicher. „Ich bin nicht 27“, antwortete der Klon, der selbstverständlich genauso aussah wie 27. Der Weihnachtsmann warf einen Blick auf sein Nummernschild. Der Klon hatte recht. Vor ihm stand 28, doch die Zeit darüber nachzudenken, hatte der Weihnachtsmann in diesem Moment nicht. „Geh rein, 28“, wies der Weihnachtsmann Klon 28 an. Dieser verschwand im Schlafsaal und der Weihnachtsmann machte wie vorher weiter. Schließlich schloss er hinter Klon 99 die Tür. Jedoch war Klon 27 nicht aufgetaucht. Mit sorgenvollem Gesicht rannte er die Treppe hinauf und knallte den Schrank hinter sich zu. Er durchwühlte seine Taschen nach dem Schlüssel, doch als es erneut klingelte, ließ er das Schrankschloss Schrankschloss sein und rannte in Richtung Haustür. Kurz bevor er die Türklinke herunterdrückte, setzte er ein Lächeln auf. Mit dem Wind, der kalt in das Haus hineinwehte und den Weihnachtsmann zittern ließ, kam auch ein Mann herein. „Hallo Claus", begrüßte der Weihnachtsmann ihn mit einem müden Seufzer.

„Hast du viel zu tun?", fragte Claus mitfühlend und sah ihn aus seinen eisblauen Augen an, während er seine Schuhe auszog.

Der Weihnachtsmann nickte. „Warum bist du hier?", wollte der Weihnachtsmann wissen und lenkte das Gespräch dadurch in eine andere Richtung.

Claus' Miene wurde ernst und er zog einen Zettel aus der Tasche seines Mantels, den er daraufhin ablegte. Es war die Tageszeitung, die Claus seinem Bruder reichte. Er lief ins Wohnzimmer. Der Weihnachtsmann folgte ihm. Sie setzten sich und der Weihnachtsmann betrachtete die Zeitung genauer. Claus beobachtete ihn dabei. Ein Foto, welches in bunten Farben in der Zeitung abgedruckt worden war, sprang dem Weihnachtsmann förmlich ins Auge. Es bildete ihn selbst ab. Die Bildunterschrift lautete: „Weihnachtsmann überfällt tagsüber Menschen in der Dresdener Innenstadt“.

Schock lähmte den Weihnachtsmann. Er wusste, wer derjenige auf dem Bild war. Klon 27 war nicht da, während von einem Weihnachtsmann mit goldener Gürtelschnalle Raubüberfälle begangen wurden. Das war kein Zufall. Das Bild zeigte ohne Zweifel Klon 27. Doch jeder andere dachte, es sei wirklich der Weihnachtsmann, der in Dresden Menschen bestahl. „Das bist nicht du, oder?“, wollte Claus wissen. Seine Miene verriet nichts darüber, was er dachte. Der Weihnachtsmann antwortete Claus mit einem Kopfschütteln. „Aber wer ist es dann?“, fragte Claus stirnrunzelnd.

Als der Weihnachtsmann mit den Schultern zuckte, sah er Claus nicht an. Zu groß war die Wahrscheinlichkeit, dass sein Bruder ihm ansah, dass er mehr wusste, als er preisgab. Der Weihnachtsmann erstarrte, als er ein lautes Poltern und Stimmen aus dem Keller hörte.

„Was war das?“, fragte Claus erschrocken.

„Ich habe nichts gehört“, entgegnete der Weihnachtsmann. Er versuchte Verwirrung in seinen Blick zu legen, wusste jedoch nicht, ob ihm das gelang. Claus stand auf und durchstreifte das Haus. Dem Weihnachtsmann, der spürte, wie die

Angst begann, sich wie ein Spinnennetz mit klebrigen Fäden um ihn zu weben, blieb nichts anderes übrig, als seinem Bruder zu folgen. Nach einigen Minuten, die seitens des Weihnachtsmannes daraus bestanden, zu hoffen, dass Claus nicht den Schrank finden würde, in dem die Treppe war, welche zum Keller führte, standen die beiden Brüder vor genau diesem Schrank. „Ich glaube, hier kommen die Geräusche her“, flüsterte Claus.

„Sei vorsichtig!“

Claus zog langsam die Schranktür auf, die beim Öffnen knarrte. „Eine Treppe“, wisperte der Blauäugige. „Wir sollten schauen, wo sie hinführt. Bleib hinter mir!“ Mit diesen Worten begann Claus, die Treppe im Schrank herabzusteigen. Der Weihnachtsmann hatte zu zittern begonnen und folgte seinem Bruder mit Furcht. Claus ließ die letzte Treppenstufe hinter sich. Kurz blieb er stehen und sah sich mit gerunzelter Stirn um. Dann richtete er seinen Blick auf den großen Schlafsaal und ging mit zügigen Schritten darauf zu. Er wurde schneller. Der Weihnachtsmann blieb jedoch stehen und starrte mit Entsetzen das große Fenster an, das den direkten Blick auf seine Klone freigab, welche munter herumliefen. Claus blieb vor dem Fenster stehen und sah fassungslos durch das Fenster zu den 98 Klonen, die ihn aus 98 identischen Augenpaaren anstarrten. Langsam drehte Claus sich zu dem Weihnachtsmann um.

„Was ist das?“, fragte er, wobei er jedes Wort betonte. „War es einer von ihnen?“, wollte Claus wissen, als der Weihnachtsmann keine Antwort gab. „Hat einer von ihnen die Leute überfallen?“

Langsam nickte der Weihnachtsmann. „Ich glaube, schon“, murmelte er leise, fast tonlos. Wie eine Schneelawine brachen dann Worte aus ihm heraus. Am Anfang sprach er leise und langsam, dann fasste er Mut und seine Stimme wurde fester. Er erzählte seinem Bruder die gesamte Geschichte der Klone, eine Geschichte, die vor Claus noch niemand gehört hatte. Es befreite den Weihnachtsmann, jemandem von all dem zu erzählen. Er hatte das Gefühl, leichter zu werden und es war, als hätte Claus damit, dass er dem Weihnachtsmann einfach nur zuhörte, ohne ihn zu unterbrechen, eine Last vom Rücken des Weihnachtsmannes genommen, die diesem davor noch nicht einmal aufgefallen war. Als der Weihnachtsmann geendet hatte, schwieg Claus kurz. Dann fragte er: „Warum hast du dich all die Jahre 99-mal geklont, anstatt die Hilfe anzunehmen, die wir dir angeboten haben?“

Der Weihnachtsmann gab nicht direkt eine Antwort. Als er unter Claus‘ fragenden Blicken doch zu sprechen begann, klang seine Stimme kleinlaut: „Ich hatte das Gefühl, ich müsste das alleine schaffen. Ich wollte euch damit nicht belasten.“ Der sonst so selbstbewusste Weihnachtsmann sah zu Boden.

Claus lachte auf. „Weißt du eigentlich, wie oft wir uns gefragt haben, wie du das alles überhaupt schaffst?“, entgegnete er. „Wir würden dir gerne helfen.“ Er ging einige Schritte auf den Weihnachtsmann zu. „Ich gebe unseren Geschwistern und Freunden Bescheid, damit sie vorbeikommen“, schlug er vor. „Du sagtest doch, dass die Klone wieder verschwinden, oder?“

Der Weihnachtsmann nickte. „Bis dahin bleiben sie hier unten und wir übernehmen die Arbeit. Der Klon, der Unruhe stiftet, kommt bestimmt heute Abend zurück“, vermutete er.

„Dann schnappen wir ihn und sperren ihn ein. Und du zerstörst deine Klonmaschine am besten. Das Teil ist schließlich nicht ungefährlich.“

Der Weihnachtsmann nickte wieder nur stumm. Doch als sein Bruder ging, um den Freunden und Geschwistern Bescheid zu geben, breitete sich Freude in ihm aus.

~ ~ ~

Am Abend war das Haus des Weihnachtsmannes von Lachen und fröhlichen Stimmen erfüllt. Die 98 Klone waren im Schlafsaal eingeschlossen, was sie allerdings nicht zu stören schien. Rund um das Haus verteilt, hielten einige Personen Wache, um Klon 27 abzufangen, bevor er das Haus betreten konnte. Als es an der Tür klingelte, verstummten die Gespräche im Haus. In der Stille, die sich ausgebreitet hatte, schob der Weihnachtsmann seinen Stuhl zurück und stand auf. Er ging mit schweren Schritten und ernstem Gesichtsausdruck zur Tür. Claus folgte ihm. Als er die Tür öffnete, empfingen ihn gedämpfte Flüche. Sie gingen von Klon 27 aus, der von zwei Brüdern des Weihnachtsmannes festgehalten wurde. Ohne ein Wort führte der Weihnachtsmann seine Geschwister zu dem Schrank. Sie zerrten den Klon hinter sich her. Im Keller angekommen, schloss der Weihnachtsmann schnell die Tür des Schlafsaals auf, sie schubste den Klon Nummer 27 hinein und der Weihnachtsmann sperrte wieder ab. Erleichterung durchfuhr ihn.

~ ~ ~

Mit seinen Freunden und Geschwistern als Helfer war die Vorbereitung von Weihnachten für den Weihnachtsmann kein Problem mehr. Das Haus war mit Lachen und Fröhlichkeit gefüllt und genau das machte den Weihnachtsmann glücklich.

~ ~ ~

Einige Tage nach Weihnachten zerfielen die 99 Klone unter den interessierten Blicken der neuen Helfer des Weihnachtsmannes zu Staub. Die Klonmaschine war längst in alle Einzelteile zerlegt worden und selbst wenn sie noch funktioniert hätte, hätte der Weihnachtsmann sie nie wieder angerührt.

Denn er hatte etwas gelernt: Mit seinen Freunden und Geschwistern an der Seite konnte nichts schiefgehen. Und selbst wenn etwas nicht nach Plan verlief, so war es trotzdem tausendmal besser als das jährliche Klonen. Denn Klone lebten nicht. Und auch wenn es oft so wirkte, als würden sie es tun, waren sie nur wie Maschinen, die zwar existierten und funktionierten, aber nicht fühlten. Sie konnten lachen und weinen, aber nicht, weil sie Freude oder Trauer empfanden, sondern weil sie sich an die Welt der Menschen anpassten. Sie aßen und schliefen, aber lebten und fühlten nicht. Als sie bei den Vorbereitungen geholfen hatten, war das Haus still gewesen. Doch mit den Freunden und Geschwistern des Weihnachtsmannes als Helfer war das Haus mit Lachen und Leben gefüllt. Und zum ersten Mal seit Ewigkeiten freute sich der Weihnachtsmann wieder auf Weihnachten.

Winters Zeit

Von Clara Etzel

Winter stieg in den Zug ein. Der Junge strich sich die blonden Haare aus der Stirn und ließ sich, nachdem er gefragt hatte, ob der Platz noch frei sei, vor einer alten Frau auf einen Sitz fallen. Er warf einen Blick auf die alte Taschenuhr, die er immer in seiner Hosentasche bei sich trug. Winter seufzte. Er war zu spät. Er steckte die Taschenuhr wieder ein und lehnte sich im Sitz zurück.

Die alte Frau sah ihn interessiert und aufmerksam an. „Wo willst du denn hinfahren?“, fragte sie nach einer Weile. Winter lächelte sie an. „Nach Bremen“, antwortete er freundlich.

Kurz betrachtete die ältere Dame den Jungen, bevor sie wissen wollte: „Und was machst du so ganz alleine in Bremen?“

Winters Laune verschlechterte sich etwas, was er sich allerdings nicht anmerken ließ. „Ich fahre zu meiner Tante“, log er, wie er es schon oft getan hatte. Winter log nicht gerne. Aber manchmal hatte er keine andere Wahl. Eine Weile schwiegen beide. Winter schloss kurz die Augen und wurde dann von der alten Frau aus seinem Halbschlaf geweckt. „Ist dir auch so kalt?“, erkundigte sie sich bei Winter. Winter schüttelte den Kopf.

„Schrecklich“, beklagte sich die Frau. „Bald friert es dann wieder. Ich muss wohl schon meinen dicken Mantel rausholen. Der Winter kommt auch jedes Jahr früher.“ Die Miene des blonden Jungen wurde ernst. Die alte Dame sprach weiter: „Bei der Kälte schmerzen meine Knochen immer. Und den Schnee kann ich auch nicht mehr schippen."

Winter senkte den Kopf und versuchte, den Frust zu verstecken, der sich in ihm ausgebreitet hatte.

„Nächster Halt: Bremen Hauptbahnhof", verkündete die elektronische Stimme. Winter stand auf. „Auf Wiedersehen", verabschiedete er sich von der alten Frau.

„Auf Wiedersehen", lächelte die Frau.

Der Junge lächelte ihr zu und ging dann durch die Sitzreihen bis zur Tür. Der Zug wurde immer langsamer und blieb schließlich stehen. Zischend öffneten sich die Türen und der Junge verließ den Zug. Er entfernte sich von den Gleisen, blieb dann aber stehen und drehte sich um. Der Zug fuhr wieder los, wurde immer schneller und Winter konnte ihn nicht mehr sehen. Doch der Junge blieb stehen und regte sich nicht, obwohl er wusste, dass er sowieso schon nicht pünktlich war. Die Zeit wurde schneller. Die Menschen um Winter herum begannen zu rennen, immer schneller, immer hektischer. Winter starrte vor sich, ohne etwas mit seinem Blick zu fixieren. Er spürte, wie sich die Luft abkühlte. Dann hob er den Kopf, drehte sich um und mit einem Schlag tickte die Zeit wieder im Sekundentakt. Winter verließ den Bahnhof ohne jemanden anzusehen.

„Fürchterliche Kälte“, hörte er die Menschen murmeln.

„Hoffentlich schneit es jetzt nicht auch noch“, seufzte jemand und ein anderer sagte: „Jetzt muss ich wieder jeden Morgen die Autoscheiben freikratzen.“

Winter begann zu rennen. Ein Gedanke loderte wie Feuer in seiner Welt aus Eis auf, während sich am Himmel Schneewolken auftürmten: Warum hassten sie ihn? Warum hasste jeder den Winter?

~ ~ ~

Schneller, als er eigentlich gewollt hatte, war Winter bei dem Rathaus angekommen. Er verlangsamte seine Schritte. Der Wind wehte Wortfetzen zu ihm herüber. „Schon wieder ist dieser Junge zu spät.“ Sofort erkannte Winter die Stimme von Herrn Sommer. Er schluckte und trat dann auf die Straße. Er lief auf die drei Gestalten zu, die vor der Statue der Bremer Stadtmusikanten warteten.

„Na endlich“, knurrte der Größte von ihnen, ein Mann im Anzug, der eine Sonnenbrille trug, obwohl die Sonne nicht schien. Es war Herr Sommer, der Winter abfällig ansah.

„Warum bist du so spät?“, wollte der andere Mann wissen, dessen braune Haare in alle Richtungen abstanden. „Der Zug hatte Verspätung“, murmelte Winter. Nur die Frau lächelte ihn an. „Ist doch kein Problem“, lachte sie. Frau Frühling war immer fröhlich. Sie warf die braunen Haare, die einen leichten Grünstich aufwiesen, über ihre Schultern und ihre grünen Augen funkelten. „Erzählen Sie doch bitte, Herbst, wie war Ihre Woche?“, bat Frau Frühling den Mann mit den braunen Haaren. Herbst, der es nicht leiden konnte „Herr Herbst“ genannt zu werden, räusperte sich. „Es war alles normal. Keine besonderen Vorkommnisse.“

„Dann kann ich doch jetzt gehen“, warf Winter ein, während er sich schon umdrehte.

„Warte!“, hielt ihn Herr Sommer zurück. Er ging ein paar Schritte auf Winter zu. Und blieb vor ihm stehen. Er sah zu ihm herunter. „Bist du dir eigentlich darüber im Klaren, wie wichtig es ist, dass du pünktlich bist?“ Herr Sommers Stimme war unangenehm laut.

Winter ging einen Schritt rückwärts. „Deine eine Woche, in der du es Winter werden lässt, ist für die Menschen ein Vierteljahr. Da zählt jede Stunde!“, fuhr Herr Sommer schimpfend fort. „Du kannst es dir nicht leisten, einen halben Tag zu spät zu kommen.“

Winter starrte Herrn Sommer ohne eine Regung an. „Er hat recht“, mischte sich nun auch Herbst ein. „Du bist zu spät und das darf nicht mehr vorkommen.“ Winter atmete tief ein und aus. „Sie liegen in diesem Punkt richtig“, lächelte er dann. Sein Lächeln war gequält. „Aber damit ich nicht noch später bin, denke ich, es ist am besten, wenn ich jetzt gehe. Ich wünsche Ihnen eine angenehm kalte Zeit.“ Mit diesen Worten drehte Winter sich um und verschwand hinter dem nächsten Haus.

~ ~ ~

Der blonde Junge stapfte wütend durch die Gassen. Nur weil er aussah wie ein Kind, war er doch nicht minderwertiger als die anderen drei! Wieso behandelten sie ihn dann so, als seien sie besser als er? Winter freute sich nicht auf diese Woche. Genau das war auch der Grund für sein Zuspätkommen. Um Winter herum rannten Menschen durch die Straßen. Ihre Zeit tickte schneller als Winters Zeit. Es wurden immer weniger Menschen auf den Straßen und Dunkelheit breitete sich aus. Die Kälte, die sich seit Winters Ankunft in Bremen ausgebreitet hatte, nahm zu. Winter blieb vor einer Pfütze stehen und sah zu, wie eine Schicht Eis sich auf der Wasseroberfläche niederließ. Es wurde wieder Tag. Die Menschen trugen dicke Schale, Mützen und Handschuhe. Sie versteckten ihre Köpfe in den Krägen ihrer Mäntel und hatten es noch eiliger als sonst, nach Hause zu kommen. Winter schlenderte weiter. Er sah die riesigen Schneewolken am

Himmel. Winter wusste, dass er nur mit den Fingern schnipsen müsste, und es würde anfangen zu schneien. „Verfluchte Kälte“, hörte Winter jemanden direkt neben ihm knurren und er schrak zurück. Traurig ging er weiter.

Vor einem Café unterhielten sich zwei Frauen. Unauffällig blieb Winter bei ihnen stehen. Er verlangsamte die Zeit, um ihrem Gespräch lauschen zu können. „Ben hat sich erkältet“, beklagte sich die eine Frau bei der anderen. „Ich hatte ihm gesagt, er solle eine wärmere Jacke anziehen, aber er hat nicht auf mich gehört.“

„Ja, so ist der Winter“, entgegnete die andere Frau und lachte freudlos. „Da wird jeder krank.“

Enttäuscht ging Winter weiter und beschleunigte die Zeit durch einen Wink mit der Hand. Brachte er wirklich nichts anderes als Krankheit? Ziemlich früh verschwand auch die Sonne wieder. *Nicht mal sie kann mich leiden*, dachte Winter missmutig. Von der Hauptstraße hörte er Hupen und brummende Motoren. Als er nachschaute, entdeckte er ein Auto, das über die glatte Straße gerutscht war und die Fahrbahn blockierte. Winter seufzte. Immerhin war niemandem etwas passiert.

~ ~ ~

Am nächsten Morgen war die Luft von einem schabenden Geräusch erfüllt, denn in dem

Wohngebiet, das Winter durchquerte, kam keiner los, bevor nicht das Eis von den Scheiben der Autos gekratzt worden war. „Bald geht's dann wieder los mit dem Schneegeschippe!“, rief ein Mann seinem Nachbarn zu.

Winter hielt sich mit seinen kalten Händen die Ohren zu. Er wollte nichts mehr hören. Am liebsten wollte er weglaufen, den Winter ausfallen lassen, aber es ging nicht. Er hörte die Beschwerden der Menschen, als wollten sie ihn anklagen. Warum wollte ihn niemand? Er strich seine blonden Haare zur Seite. Mit gesenktem Kopf schlich er weiter, zitternd, obwohl er nicht fror. Langsam schmolz das Eis, während salzige Tränen vor ihm auf den Boden tropften. Doch dann verwandelte sich seine Trauer in Wut. Er blieb stehen und richtete seinen Blick in den Himmel. Seine blauen Augen blitzten auf. Wind zog auf. Der Frost setzte wieder ein. Das getaute Eis fror erneut ein. Winter rannte los. Er wusste nicht, wohin er rannte, und es war ihm auch egal.

~ ~ ~

Irgendwann blieb er keuchend vor einem bunten Gebäude stehen. Er fiel auf die Knie. Er erkannte eine Grundschule vor sich, in der er auch einige Kinder entdeckte, die in einem Klassenraum saßen. Winter verschnaufte eine Weile. Dann rappelte er sich wieder auf. Er sah zu, wie Kinder aus der Schule stürmten. Sie spielten auf dem Hof und Winter beobachtete sie. Plötzlich brachte ihn ein Ball aus dem Gleichgewicht, der knapp an ihm vorbeiflog. Winter sprang zurück, im selben Moment merkte er, wie die Wolken aufrissen und einige Schneeflocken zu fallen begannen. Erschrocken sah Winter hoch zu den Wolken und hob eine Hand. Er ballte die Hand zur Faust und spürte, wie die Wolken sich wieder schlossen. Erleichtert senkte er seinen Blick. Doch ein Mädchen weckte seine Aufmerksamkeit. Durch ein leises Fingerschnipsen verlangsamte sich die Zeit und Winter ging zu dem braunhaarigen Mädchen, das fasziniert mit ihrem Blick einer Schneeflocke folgte, sie dann mit der Hand fing und zusah, wie sie durch die Wärme ihrer Hand schmolz. Aufgeregt rief das Mädchen ihren Freunden etwas zu. „Es schneit!“, freute sie sich und lachte.

Ein Lächeln tauchte auf Winters Gesicht auf. War er doch nicht durch und durch schlecht? Waren da doch Menschen, die ihn mochten? Vorsichtig bewegte er seine Hand. Und während er den Wolken durch Handbewegungen Anweisungen gab, wie ein Dirigent, der sein Orchester dirigierte, begann es zu schneien. Die Kinder hüpften lachend umher und versuchten, die Schneeflocken zu fangen. Winter lächelte.

Vielleicht würde seine Woche doch gut werden. Denn dort gab es doch Menschen, die in Winters Zeit in ein paar Schneeflocken Freude entdeckten.

Flügellos

Von Clara Etzel

Er war gefangen. Ohne eine Chance auf Freiheit gefangen und das wusste er. Er war gefangen in einem Körper, der nicht seiner war; gefangen in einer Zeit, die nicht seine war; gefangen in einem Leben, das nicht seines war und auch niemals seines werden würde. Er spürte täglich die Fesseln, die in seine Handgelenke einschnitten, er fühlte täglich die Schmerzen, die ihn in die Knie zwangen, und trotzdem brachte er den fremden Körper dazu, weiterzugehen, den Kopf erhoben, mit einem winzigen Funken des alten Stolzes in den Augen. Falsche Zeit, falsche Welt, falscher Ort. Er wollte dieses Leben nicht und auch es stieß ihn ab, mit jeder einzelnen der zahlreichen Seiten, die es ihm darbot. Es war ein Missgeschick, ein tragischer Unfall, ein Tor hatte sich geöffnet, das hätte verschlossen bleiben müssen. Doch er klagte nicht, er blieb stumm. Sah ohne eine Regung auf diese Welt herab, die er niemals hätte kennenlernen wollen. Er hörte sie nicht, wie sie über ihn sprachen; ihre Worte zogen an ihm vorbei wie leise Lufthauche – so schwach, dass sie es nicht einmal schafften, federleichte Blätter zu bewegen. Er verbrachte seine Tage alleine mit seinen Gedanken, die das Einzige waren, das ihm von seinem Selbst geblieben war.

~ ~ ~

An einem dunklen Wintermorgen stand er auf, wie jeden Tag, und verließ das Haus, ohne sich von jemandem zu verabschieden, denn dort war niemand, von dem er sich hätte verabschieden können. Draußen stürmte es und während es langsam heller wurde, machte er sich auf den Weg zum See. Es begann zu regnen, doch ihn störte es nicht. Am Anfang hatte er sich darüber gewundert, dass Wasser vom Himmel fiel, doch bald schon hatte er sich daran gewöhnt gehabt. Er kam nur langsam voran, jede Bewegung benötigte Kraft, Schritt für Schritt musste er die Beine einzeln setzen. Er hatte das Gefühl, dieser Körper sei verrostet, denn alles war eine Anstrengung und nichts war so einfach, wie es früher gewesen war. Am See angekommen stellte er fest, dass eine Eisschicht das Wasser bedeckte. Er blieb stehen und setzte sich dann am Ufer auf den kalten Boden. Er dachte daran, wie sehr der See ihn widerspiegelte. Es waren zwei getrennte Welten, unter und über dem Eis. Und vermutlich war er gerade dort, wo das Eis war; weder wirklich in dieser Welt, noch in seiner eigenen. Er spürte nicht, wie die Kälte den Körper durchdrang, in dem er festsaß, doch trotzdem stand er irgendwann langsam auf, die Bewegung fiel ihm noch schwerer als zuvor. Der Frost hatte den Körper unbeweglich gemacht. Irgendwann hatte es zu schneien begonnen und jetzt wirbelten unzählige

Schneeflocken um ihn herum. Vorsichtig setzte er einen Fuß auf das Eis, dann den nächsten und immer so weiter. Er rechnete jeden Moment damit, dass das Eis unter den Schritten bersten würde, doch es hielt dem Gewicht stand. In der Mitte des Sees blieb er stehen. Er sah zum Himmel. Weiße Wolken verdeckten ihn und hielten das Licht der Sonne, welches im Winter sowieso nur schwach war, davon ab, zur Erde zu gelangen. Er senkte den Blick auf das Eis, welches so klar war, dass er sich darin spiegeln konnte. Er sah in seine Augen und es dauerte einen Moment, bis er begriff, dass er wirklich in *seine* Augen sah. Eisblau funkelten sie ihn an. Zum ersten Mal seit langer Zeit sah er in seine eigenen Augen, statt in die kastanienbraunen Augen, die zu dem Körper gehörten, den er als sein Gefängnis bezeichnete. Er konnte seinen Blick nicht lösen, er hörte wie das Eis knackte, doch er konnte sich nicht bewegen, und schließlich riss die Eisdecke auf. Er spürte, wie das eiskalte Wasser ihn in die Tiefe zog, er versuchte zu schwimmen, doch schaffte es nicht. Erst kämpfte er noch, doch dann ließen seine Kräfte nach und er wehrte sich nicht mehr. Auf einmal spürte er, wie eine Hand die Schulter erfasste, er sah seinen Körper vor sich. Die Flügel hingen kraftlos herunter. Er sah leidend aus. Alles wurde ruhig. Die beiden sahen sich an, ihre Blicke gefesselt von den jeweils eigenen Augen. Und dann lösten sie sich ohne jegliche Schmerzen von den Körpern und fanden in ihren eigenen Körpern ihren Platz. Er betrachtete denjenigen, der vor ihm im Wasser trieb. Kurz nickten sie einander zu, dann glitten sie, wie von einem Wind getragen, zurück in ihre eigenen Welten. Er spürte das eiskalte Wasser um ihn herum. Er bewegte sich. Dann verschränkte er seine Arme, bewegte die großen schneeweißen Flügel und schoss durch das Wasser nach oben. Er durchbrach das Eis und flog in den Himmel hinauf. Ihn empfing die Nacht mit tausenden Sternen. Er atmete tief die Luft ein und schloss seine Augen. Er erinnerte sich an die Welt zurück, in der er jetzt endlich nicht mehr war, und dachte, wie schrecklich es in dem Körper eines Menschen war. Auch wenn er nicht wusste, warum dieser Tausch stattgefunden hatte, war er froh, dass dieses Grauen endlich vorbei war. Die flügellose Zeit hatte ein Ende. Dann öffnete er seine Augen wieder. Ein Lächeln schlich sich auf sein Gesicht. Er war wieder in seiner Welt. In der Welt der Engel.

Weihnachtswunsch mit Folgen

Von Clara Etzel und Johanna Kleinke

Es war der vierte Advent. Das bedeutete, dass es wieder an der Zeit war, sich auf Weihnachten vorzubereiten. Die Weihnachtswichtel, die vier treuesten des Weihnachtsmannes, gingen in den Stall, um sich um die Rentiere zu kümmern. Als sie den Stall betraten, fiel ihnen auf, wie still die Rentiere herumstanden. Sie bewegten sich nicht. Die Weihnachtswichtel blieben verunsichert im Eingang des Stalles stehen.

„Was ist hier los?", fragte Karl. Alle vier waren es gewöhnt, dass im Stall viel los war. Sie blickten sich um. Die Rentiere waren weder ausgehungert noch wirkten sie krank. Sie standen einfach nur regungslos herum. „Was sollen wir tun?", wollte ein anderer Wichtel wissen. In diesem Augenblick ging ein Zucken durch die Rentiere. Sie bewegten sich wieder. Die Wichtel sahen sich erstaunt an.

„Was geht hier vor? Was war das?" In diesem Moment kam der Weihnachtsmann in den Stall. Er öffnete seinen Mund, doch bevor er etwas sagen konnte, fror er in Eis ein. Die Rentiere und Wichtel blieben verschreckt stehen. Langsam drehten sich die Wichtel zu den Rentieren um. Es war dasselbe wie vorhin. Die Rentiere standen regungslos da. Selbst als die Wichtel sie streichelten. Nachdem jeder von ihnen ein Rentier gestreichelt hatte, sahen sie alle ein helles Licht und die Wichtel fielen in einen tiefen Schlaf.

~ ~ ~

Als sie aufwachten, war alles anders. Alles war voll mit Eis und Schnee. Große Eiszapfen hingen an den eingefrorenen Rentieren. Es war eiskalt im Stall. Alle waren eingefroren, nur die Wichtel nicht. „Was geht hier vor?“, fragte Karl zum bestimmt hundertsten Mal.

Alfred schimpfte ihn an, seine Stimme klang verärgert, aber auch ängstlich. „Das weiß ich doch auch nicht! Aber ich weiß, dass irgendetwas gewaltig schiefläuft. In zwei Tagen ist Weihnachten und der Weihnachtsmann, die Rentiere und garantiert noch mehr sind eingefroren. Welcher Tag ist heute? Haben wir zu lange geschlafen oder ist noch derselbe Tag? Los! Wir müssen irgendein lebendes Wesen finden! Wir müssen herausfinden, warum alle zu Eis geworden sind.“

Mit diesen Worten stürmten die vier los. Überall, wo sie hinkamen, bot sich ihnen dasselbe Bild wie im Stall der Rentiere: Alles war eingefroren. Der Fuchs, der gerade einem Hasen hinterher hetzte, war in seinem Lauf eingefroren, genau wie der Hase, der vor dem Fuchs geflohen war. Auch die anderen Wichtel, die dabei waren, Geschenke zu verpacken. Einfach alles. Die vier Wichtel beschlossen kurzerhand, zur Menschenstadt zu gehen. Sie hofften, dass es diesen nicht so ging. Als sie den Fluss überquerten, der die Stadt umrundete, begegneten sie drei Kindern. Zwei großen Mädchen und einem kleinen Jungen. Auf ihren Gesichtern wurde die blanke Angst gespiegelt. Sie standen eingefroren und mit starren Blicken herum. Doch dann, als Kurt die Hand des einen Mädchens berührte, drehte dieses sich zu ihnen um. Eine eiskalte Träne lief ihr über die Wange. „Meine Geschwister“, sagte sie. „Ben, Miriam. Was ist mit ihnen?“ Sie wandte sich an die Wichtel, diese sahen sie nur an.

„Das wissen wir nicht“, antwortete Alfred. „Du und wir – wir sind die Einzigen, die nicht eingefroren sind. Komm mit uns, wir wollen die Ursache herausfinden.“

Die fünf machten sich auf den Weg. Als erstes sahen sie sich in der Stadt um. „Übermorgen ist Weihnachten, wir müssen dafür alles vorbereiten“, stellte Alfred fest.

„Aber läuft die Zeit überhaupt weiter?“, wollte ein anderer Wichtel wissen. Darauf wusste niemand eine Antwort. Also gingen sie in die Fabrik und Alfred und Calli versuchten, die Maschinen wieder zum Laufen zu bringen. Die anderen versuchten verzweifelt, das Buch der Wünsche, in dem die Wünsche aller Wesen niedergeschrieben waren, aus dem Regal zu hieven. Doch nichts funktionierte, wie es sollte. Alles ging schief. Die Maschine war genauso eingefroren wie alle anderen Wesen. Die Wichtel kamen wieder zusammen. „Wir müssen anders an die Sache herangehen.“ Die Wichtel verließen die Fabrik. Im Moment schlug laut die Glocke im Kirchturm der Menschenstadt.

„Verdammt!“, fluchte Alfred. „Die Zeit läuft weiter. In zwei Tagen ist Weihnachten. Die Maschine und alle anderen sind eingefroren. Wir sind zu fünft und die Hälfte der Geschenke ist noch nicht verpackt; manches hat der Weihnachtsmann uns noch nicht mal gegeben! Was sollen wir nur tun?“

Alle zuckten mit den Schultern. Keiner wusste eine Lösung. Leonie, das Mädchen aus der Menschenstadt, schlug vor: „Wenn alle eingefroren sind, dann wird doch niemand da sein, der Weihnachten feiern kann. Wir sollten uns eher darum kümmern, sie wieder aufzutauen!“

Karl schien nicht begeistert. „Ich weiß nicht“, wandte er ein, „das ist in meinen Augen keine so gute Idee, weil wir zwar wissen, dass hier und unten in der Stadt alles eingefroren ist, aber wer weiß, wie es woanders aussieht? Außerdem ist Weihnachten wichtig, es muss am 24.12. stattfinden. Bis dahin müssen wir die Geschenke fertig haben und herausfinden, warum alle anderen eingefroren sind. Ich würde sagen, dass wir fünf uns aufteilen. Die einen regeln in der Fabrik alles und die anderen versuchen die Ursache des Eises zu finden und alle wieder aufzutauen. Also: Wer will was machen?“

Leonie meldete sich: „Ich würde gerne bei den Maschinen helfen. Ich meine, wenn das für euch ok ist. Ich habe das ja noch nie gemacht, ich würde das gerne mal ausprobieren.“

Die Weihnachtswichtel nickten. „Ich will auch hierbleiben“, sagte Fred, der Leonie nicht gerne alleine bei den Maschinen lassen wollte. Karl wollte auch bei den beiden bleiben. Die anderen beiden wollten noch einmal in die Menschenstadt losziehen. Die Wichtel und Leonie verabschiedeten sich voneinander und Alfred und Calli machten sich auf den Weg zur Menschenstadt.

~ ~ ~

Karl, Fred und Leonie gingen in den Keller. „Was machen wir hier?“, fragte Leonie. Karl erklärte ihr, während Fred in einer Kiste wühlte: „Wir suchen den Grundplan von der Maschine, damit wir sie noch einmal neu starten können.“

~ ~ ~

Währenddessen waren Alfred und Calli in der Stadt angekommen. Sie blieben vor Leonies Geschwistern stehen. „Sie tun mir so leid“, sagte Calli. „Können wir versuchen, sie aus dem Eis zu befreien?“ Es begann zu schneien. Alfred antwortete: „Das sollten wir versuchen.“

~ ~ ~

Zur gleichen Zeit hatten Karl, Fred und Leonie es geschafft, die Maschine neu zu starten. Zumindest floss das Fließband wieder. „Die verschiedenen Arme sind immer noch eingefroren“, stellte Karl mit einem Blick fest.

„Habt ihr hier heißes Wasser oder einen Wasserkocher?“, fragte Leonie.

Fred nickte. „Wir haben zehn Wasserkocher, aber was willst du damit?“

~ ~ ~

Inzwischen hatten Alfred und Calli sich Hammer und Meißel besorgt. Vom gefrorenen Fluss war lautes Klopfen in der eisigen Stille der gefrorenen Welt zu hören. Die beiden Weihnachtswichtel klopften mit ihren Werkzeugen eifrig auf das Eis ein, das den kleinen Bruder von Leonie umhüllte. Vorsichtig, aber zügig, trugen sie eine Eisschicht nach der anderen ab. Und als nur noch eine zentimeterdicke Eisschicht übrig war, knackte das Eis laut.

~ ~ ~

Während das Eis am Fluss knackte, hatten Leonie und Fred alle Wasserkocher eingeschaltet und erhitzten Eis und Schnee. Mit dem gewonnenen Wasser gingen sie zu Karl. Dieser nahm einen Wasserkocher und schüttete den Inhalt auf einen der Arme. Das Eis zersprang in tausend Splitter. Karl und Leonie lachten. Sie hatten das Eis bezwungen. Doch Fred wies auf die Splitter, diese setzten sich in Bewegung und setzten sich wieder an ihren alten Platz. Doch das neue Eis wurde schwarz. „Was zur Hölle?“

~ ~ ~

Am gefrorenen Fluss standen Alfred und Calli unter Schock. Eissplitter flogen ihnen um die Ohren. Der Junge schlug das Eis auseinander. Seine Augen blitzten rot auf und nahmen dann wieder das eigentliche Eisblau an. Für einen Moment starrte er die Wichtel an. Dann stürmte er davon. Hinter ihm wirbelte der Schnee auf. Unter seinen Füßen entstand noch mehr Eis und Schnee. Ohne eine Regung starrten Alfred und Calli ihm hinterher.

~ ~ ~

Im Haus des Weihnachtsmannes starrten die drei immer noch auf das schwarze Eis. „Was geht hier nur vor?“, fragte Karl.

„Leonie, Leonie!“ Calli und Alfred kamen angestürmt. „Leonie, beim Fluss ging was Seltsames vor“, meinte Calli. Leonie löste sich aus ihrer Erstarrung und drehte sich zu den herbeistürmenden Wichteln um. „Was ist los?“ fragte das Mädchen.

„Dein Bruder“, keuchte Alfred. Verwirrung stand auf Leonies Gesicht. „Was ist mit meinem Bruder? Konntet ihr ihn und Miriam aus dem Eis befreien?“

Die beiden Wichtel drucksten herum. „Also …“, murmelte Alfred. „Ähm …“

„Ja“, löste Calli ihn ab, „aber Ben schien nicht er selbst zu sein. Wir haben das Eis aufgemeißelt, doch er hat es auseinandergerissen. Seine Augen glühten rot auf, er ist vor uns weggerannt“, schloss er seinen Bericht.

Leonie sah die Wichtel ungläubig an. „Was ist mit ihm passiert? Und wie geht es Miriam?“

Calli antwortete: „Miriam geht es gut. Aber wir wissen selber auch nicht, warum dies alles mit Ben geschehen ist.“

„Erzähl es noch einmal“, forderte Leonie die Wichtel auf. Diese erzählten. „Wir müssen Ben folgen“, entschied Alfred.

Fred und Calli gingen in den Wald, die anderen folgten ihnen. „Wir sollten uns nicht aufteilen“, hatte Alfred gesagt und die anderen Wichtel und Leonie hatten ihm Recht gegeben. Es war besser, Ben gemeinsam zu finden, da sie immer noch nicht wussten, was mit ihm los war.

~ ~ ~

Bens Fußspuren führten zu einer Höhle. „Ohne Licht gehe ich da nicht rein“, sagte Kar. „Wer weiß, was da auf uns wartet.“

Doch Leonie zog eine Streichholzpackung aus ihrer Jackentasche hervor. Sie entzündete eins und sagte: „Los geht‘s.“

Alle folgten ihr – alle bis auf Alfred. Er vertrat die Meinung, einer müsse draußen warten. Leonie hatte an jeden Streichhölzer verteilt. „Zündet nicht zu viele an. Mehr haben wir nicht.“

Schweigend betraten die drei Weihnachtswichtel und Leonie die Höhle. Erschrocken blieben sie stehen, als sie Schreie hörten. Dann hörten sie eine Stimme. Calli gab den anderen ein Zeichen, ihm leise zu folgen. Sie gingen durch einen langen, dunklen Gang. Alle schraken zusammen, als sie einen Feuerschein sahen.

Calli blieb stehen. „Was sollen wir machen?“, wisperte er. „Reingehen oder nicht?“

Doch Leonie wirkte entschlossen und ging vor in die große Höhle. In der Höhle saß Ben auf einem Felsen. Neben ihm auf einem Felsen saß der Teufel.

Ben wirkte verängstigt und wütend zugleich. Der Teufel, dessen rote Haut vom Feuer auf dem Boden angeleuchtet wurde, schien nicht erfreut über den Besuch. „Weeerrr waaagggt eess, micchhh …“, begann er, doch weiter kam er nicht. Ben war aufgesprungen und auf Leonie zugerannt. Sie hob ihn hoch und er umarmte sie.

Der Teufel wischte sich die dunkelroten Haare von den Hörnern und zischte, wobei seine gespaltene Zunge zu sehen war. „Was wollt ihr hier? Du, Menschenmädchen, du lässt auf der Stelle meinen Diener los. Ist ja ekelhaft.“

Leonie starrte den Teufel erbost an. „Nenne meinen Bruder nicht deinen Diener! Er ist nicht dein Diener!“

„Doch“, lächelte der Teufel. „Der Junge hat einem Pakt zugestimmt. Du, Menschenmädchen, kannst ihn nicht mehr davon abbringen. Wir haben einen Deal. Sein Schicksal ist besiegelt. Schau dir seine roten Augen an. Er hat sich mit mir verschworen. Er hat sich weiße Weihnacht gewünscht und die wird er haben.“

Leonie sah in die Augen ihres Bruders. Blau, sie war sich sicher. „Mein Bruder hat kristallblaue Augen, so wie immer“, meinte sie.

„NNNNEEEEIIIINNNN!!!!!“, schrie der Teufel, sein Haar glühte auf und innerhalb weniger Sekunden brannte er komplett. „Nein, nein, nein!“, schrie er. „Er hat mich hintergangen! Dafür wird er noch bestraft werden.“

Eine Flamme verschluckte den Teufel, dann schoss die Flamme aus der Höhle raus. Die Wichtel, Ben und Leonie rannten hinterher. Sie sahen, wie die Flamme herumsprang, und alles, was sie berührte, taute augenblicklich wieder auf. Alle Tiere, die die Flamme berührte, bewegten sich wieder. Die Welt, die so lange Zeit stillgestanden hatte, bewegte sich wieder. Die Wichtel gingen zum Weihnachtsmann zurück. Er stand im Rentierstall und streichelte die Rentiere, als wäre nichts passiert.

~ ~ ~

Leonie und Ben gingen zurück zur Stadt. Sie schlossen ihre Schwester Miriam, die auch wieder aufgetaut war, in die Arme. Ben und Leonie schworen sich, das Geschehene für immer zu vergessen und nie wieder mit irgendwem darüber zu reden. Die Weihnachtswichtel aber klopften am Hause des Weihnachtsmannes. Er öffnete. Calli sagte schmunzelnd: „Wir brauchen noch Kunstschnee, damit auch Ben glücklich ist."

In diesem Moment begann es draußen zu schneien.